Scherz Krimis
Die mit den Streifen

W0073227

Roger Graf

PHILIP MALONEY
Die Leiche im Moor

15 haarsträubende Fälle

Scherz

Der Autor

Roger Graf, geboren 1958 in Zürich, schrieb bereits während seiner Ausbildung erste Gedichte und Kurzgeschichten, erfand außerdem zwei Kartenspiele, verfasste Drehbücher und Filmkritiken und ersann fürs Radio Satiren, Sketche, Spiele, Nonsens. Der Schöpfer von immer neuen *haarsträubenden Fällen des Philip Maloney* lebt als Hörspielautor, Kolumnist und Schriftsteller (*Tödliche Gewissheit*, 1995; *Zürich bei Nacht*, 1996; *Tanz an der Limmat*, 1997; *Kurzer Abgang*, 1998) in Zürich.

Die Hörspielserie *Die haarsträubenden Fälle des Philip Maloney* ist jeden Sonntag zwischen 11 und 12 Uhr auf Radio DRS 3 zu hören.

Philip Maloney™ ist ein eingetragenes Warenzeichen von Roger Graf.

Der Autor ist über Internet erreichbar:
http://www.access.ch/rgraf
http://www.audiograf.ch
E-Mail: rgraf@access.ch

Für Michael und Jodoc

Taschenbuchausgabe Scherz Verlag, Bern, München, Wien 2000
Originalausgabe: Kein & Aber AG Zürich 1999
Lizenzausgabe mit Genehmigung des Kein & Aber Verlags, Zürich
Copyright © 1999 by Kein & Aber AG Zürich
ISBN 3-502-51750-9
Umschlaggestaltung: jaDESIGN, Bern: Julie Ting & Andreas Rufer
Umschlagbild: Zeichnung von Julie Ting

Inhalt

Die Farbtherapie

Frau Hämmerli war in einen langen Mantel gehüllt, als sie mein Büro betrat. Sie roch dezent nach einem Duftwasser, das mir schon mehrmals im Tram in die Nase gestochen war. Ich bot ihr eine Tasse Kaffee an, sie schüttelte aber den Kopf und bat mich, das Fenster zu öffnen.

»Ich bin allergisch auf Hausstaub.«

»Bei mir atmen Sie höchstens Bürostaub. Gegen den bin ich zwar auch allergisch, aber meine Nase hat sich daran gewöhnt.«

Ich ging zum Fenster, öffnete es und staunte über die kalte Luft, die in mein Büro strömte.

»Ich werde mich nie daran gewöhnen. Ich sauge mehrmals täglich die Wohnung, habe alle Teppiche weggeschmissen und mir anstelle der Matratze ein Wasserbett gekauft.«

»Klingt nicht übel. Vielleicht sollten wir mein staubiges Büro verlassen und auf Ihrem Wasserbett weiterreden.«

»Das geht nicht. Mein Freund ist erst seit einer Woche tot.«

»Ist er ertrunken?«

»Er hat sich aus dem Fenster gestürzt.«

»Was doch junge Männer alles tun, wenn man sie unbeaufsichtigt in der Wohnung lässt.«

»Wir haben nicht zusammengelebt. Er wollte es nicht.

Vielleicht wäre alles ganz anders gekommen, wenn ich darauf bestanden hätte, dass er zu mir zieht.«

»Ich könnte Ihnen einen garantiert staubfreien Whisky anbieten.«

»Bitte nicht. Alkohol macht mich fröhlich und ich habe keinen Grund fröhlich zu sein.«

»Wir könnten auch ein wenig traurig sein. Ich habe Übung darin, seit mein Hamster vor über vierzig Jahren starb.«

»Ich möchte, dass Sie für mich arbeiten.«

»Ich sauge keine Wohnungen.«

»Sie sollen den Mord an meinem Freund aufklären.«

»Sie gehen demnach davon aus, dass er aus dem Fenster gestoßen wurde?«

»Er hat sich nicht umgebracht. Sie müssen Beweise finden. Ich habe Ihnen alles aufgeschrieben. Wie er lebte, wie er war. Leider habe ich die Papiere zu Hause vergessen, aber ich werde sie Ihnen zuschicken. Hier ist ein Foto von Hans.«

»Moment mal. Das Gesicht kenne ich.«

»Tatsächlich? Das ist aber seltsam. Haben Sie für Hans gearbeitet? Wollte er wissen, ob ich ihm treu bin?«

Während die eisig kalte Luft langsam mein Büro füllte, tauchten in meinem Kopf Bilder auf Ich erinnerte mich an einen regnerischen Tag im Herbst und einen ziemlich bescheuerten Auftrag. Hans Brenner rief mich an und wollte, dass ich ihn ein paar Stunden lang in seinem Taxi begleitete, weil er sich bedroht fühlte.

»Jemand hat gestern auf mein Taxi geschossen. Um diese Zeit an dieser Straße.«

»Und weshalb melden Sie den Vorfall nicht der Polizei?«

»Ich habe meine Gründe. Ich möchte nicht, dass mein

Chef glaubt, ich sei dem Taxigewerbe nervlich nicht mehr gewachsen. Ich bin ein guter Fahrer. Ich fluche nicht über Politiker und Baustellen und ich stelle keine unnötigen Fragen. Wenn sich jemand halb nackt in mein Taxi setzt, bitte schön, solange er zahlt, fahre ich ihn, wohin er will. Aber erschießen lasse ich mich nicht.«

»Ich möchte nicht unhöflich sein, aber Sie fahren jetzt bereits zum zweiten Mal durch eine Einbahnstraße. Und wenn ich mich nicht täusche, in die falsche Richtung.«

»Ich bezahle Sie dafür, dass Sie ein Auge auf die Scharfschützen werfen, die hinter Hecken und parkierten Wagen auf mich lauern. Mein Fahrstil geht Sie nichts an.«

»Ihr Fahrstil scheint mir aber die größere Gefahr zu sein, als all die Hecken, die auf Sie lauern. Zudem sehe ich hier keine Hecken, nur Mülltonnen. Oder lauern hinter denen auch Leute, die Sie erschießen möchten?«

»Ich habe die Schüsse deutlich gehört. Es pfiff und zischte. Und ich spüre, dass ich in Gefahr bin. Zu Hause auf meinem Computer schaue ich mir jeden Tag meinen Biorhythmus an. Und heute ist ein ganz besonders gefährlicher Tag. Emotional und physisch befinde ich mich auf einer gefährlichen Achse. Denken Sie bloß nicht, dass alle Taxifahrer ungebildete Tölpel sind.«

Wir fuhren zwei Stunden lang völlig sinnlos in der verstopften Stadt herum, ohne dass auf den Wagen und Herrn Brenner geschossen wurde. Schließlich bezahlte mir Brenner das zuvor ausgemachte Honorar und ich stolperte in eine Bar. Meine Klientin bekam leuchtende Augen, als ich ihr von dem seltsamen Nachmittag erzählte.

»Das beweist doch, dass er sich in Gefahr wähnte, oder?«

»Das beweist höchstens, dass Ihr Freund psychisch nicht sehr stabil war. Was wiederum auf einen Selbstmord hindeuten könnte.«

»Nein, nein und nochmals nein. Hans war nicht der Typ, der sich aus dem Fenster stürzt. Ich meine, das ist doch keine Art, sich umzubringen. Ist doch viel zu unsicher, oder? Man kommt unten an und ist gelähmt und in der Zeitung steht etwas von einem Wunder. Hans machte keine halben Sachen.«

»Aus welchem Stock ist er gefallen?«

»Aus dem dritten. Wer so etwas macht, geht doch aufs Dach eines Hochhauses, oder?«

»Vielleicht hatte er Höhenangst?«

»Hans hatte psychische Probleme, aber nichts, was Sie oder ich nicht auch ab und zu haben.«

»Wenn ich das Gefühl habe, dass jemand hinter einer Hecke auf mich lauert, hat das meist berufliche Gründe.«

»Und für eine Frau gehört es leider zum Alltag in dieser Stadt, sich bedroht zu fühlen. Was unterscheidet uns beide also von Hans? Weshalb stürzen wir uns nicht aus dem Fenster?«

Sie zeigte auf das Fenster, und ich hustete, um sie darauf aufmerksam zu machen, dass Minustemperaturen nicht unbedingt nötig waren in einem so kleinen Büro. Sie ließ sich aber nicht erweichen, legte mir ein paar Hunderter auf den Schreibtisch und ging. Ich schloss das Fenster und ging ebenfalls. Im Polizeipräsidium traf ich auf einen schlecht durchlüfteten Beamten.

»Na, Maloney, können Sie sich noch immer keine anständige Heizung leisten und kommen deshalb zu uns in die warme Stube?«

»Wo viel warme Luft produziert wird, lässt es sich gut überwintern.«

»Die Aufgabe der Polizei wird nicht leichter, Maloney. Die Bevölkerung glaubt vielleicht, dass weniger Banken überfallen werden, wenn man immer mehr Bankfilialen schließt. Aber was machen all die Leute, die von den Banken entlassen werden? Einige davon werden kriminell, andere werden Privatdetektiv. Zwei Übel dieser Welt und nur eine Ursache. Was meinen Sie, Maloney?«

»Sie haben eine der großen Plagen dieser Welt vergessen. Ein Beamter ist nur da von volkswirtschaftlichem Nutzen, wo er bestechlich ist. Aber Sie taugen höchstens als Dekorationsgegenstand für ein Horrorkabinett.«

»Jetzt reicht es aber, Maloney. Beamte sind es, die dem Bürger ein Gefühl der Sicherheit vermitteln. Die Wirtschaft läuft nur noch diesem Shareholder Value hinterher. Wir sind die Volksaktien.«

»Die keiner will. Weil Sie zum Beispiel nicht aufklären, wer Hans Brenner ermordet hat.«

»Brenner sagten Sie? Ist nicht in meinem Gedächtnis gespeichert. Handelt es sich bei dieser Person vielleicht um eines dieser Phantomopfer, mit denen Sie meine Zeit bis zur Pension unnötig verkürzen?«

»Brenner soll sich angeblich aus dem Fenster gestürzt haben.«

»Ach so. Dieser Brenner. Der Fall ist klar. War in psychologischer Behandlung. Litt an Depressionen und Verfolgungswahn. Es gibt nichts, was es nicht gibt, Maloney. Dieser Taxifahrer glaubte im Ernst, sein Taxi betreibe Mobbing gegen ihn.«

»Das Taxi soll ihn gemobbt haben?«

»Üble Sache, Maloney. Wenn Sie mich fragen, sind daran nur die Medien schuld. Überall liest und hört man von Menschen, die gemobbt werden. Ist doch alles Quatsch, Maloney. Mich mobbt niemand. Sie mobbt auch niemand, weil das gar nicht nötig ist. Sie finden sowieso nie mehr eine vernünftige Arbeitsstelle.«

Ich kehrte in mein Büro zurück und zappte mich durch alle Fernsehkanäle. Auf keinem wurde jemand gemobbt, dafür gab es jede Menge Liebesdramen und Serien, in denen fröhliche Menschen so taten, als wären sie Schauspieler. Ich wartete, bis es dunkel wurde und mein Whisky zur Neige ging.

Am nächsten Morgen erfuhr ich von meiner Klientin, dass sich ihr Freund von einer Psychologin behandeln ließ, die nicht über alle beruflichen Zweifel erhaben war. Sie empfing mich in einem kanariengelben Hosenanzug in einer Wohnung, wo ein Heizlüfter der einzige einigermaßen moderne Gegenstand zu sein schien. Bis mein Blick auf mehrere seltsame Lampen fiel, die wie in einem Verhörraum auf einen Stuhl gerichtet waren.

»Setzen Sie sich ruhig. Vor fünf Jahren habe ich eine eigene Farbtherapie entwickelt, die alles bisher Dagewesene in den Schatten stellt. Der Mensch ist nämlich mental nicht darauf eingerichtet, täglich von Farben bombardiert zu werden. Ursprünglich haben wir in einem farblich eher eintönigen Dasein gelebt. Auf dem Land dominiert grün und braun, in der Stadt grau. Seit uns aber durch das Fernsehen alle Farben tagtäglich in unglaublicher Wucht ins Gehirn gejagt werden, sind wir alle krank.«

»Die Leute sollten mehr Radio hören, aber kein buntes, nur ein schwarzweißes, wie es sich gehört.«

»Nein, nein, das nützt nichts. Wir sind schon alle verseucht und müssen uns radikal entfarben.«

»Aha. Und das funktioniert, indem man wie Sie schreiend gelbe Klamotten trägt?«

»Nur, wenn man zu lange im gelben Bereich gelebt hat. So wie Sie aussehen, ist Grün Ihr Problem.«

»Mit den Grünen habe ich keine Probleme. Ich diskriminiere niemanden wegen seiner Hautfarbe.«

»Sie müssten täglich in Hellgrün baden, das würde Ihnen gut tun. Und vermeiden Sie braune Saucen.«

»Manchmal trinke ich einen Bourbon.«

»Alkoholiker haben alle ein Grünproblem.«

»Und was für ein Problem hatte Hans Brenner?«

»Dieser bedauernswerte Mensch lebte im roten Bereich. Manchmal sogar im violetten. Er hat mir im Taxi von seinen Problemen erzählt. Mir ist, als wäre es gestern gewesen.«

Frau Kalberer richtete eine Lampe auf mich und bestrahlte mich grün. Ich schloss die Augen und sie erzählte mir von Herrn Brenner.

»Der Wagen gehorcht mir nicht mehr. Er wendet sich gegen mich«, sagte Brenner, sagte Frau Kalberer.

»Das ist eindeutig violett«, sagte Frau Kalberer zu Brenner.

»Nein, das ist Rot, aber gleich schaltet es auf Grün«, sagte Brenner, sagte Frau Kalberer. »Ich kenne jede verdammte Ampel dieser Stadt auswendig. Manchmal träume ich nachts, wie ich durch die Stadt fahre und überall schalten die Ampeln auf Rot, wenn sie meinen Wagen sehen. Und jetzt wendet sich auch noch der Wagen gegen mich. Was soll ich bloß tun?«

»Sie sollten sich Ihrer Farbe stellen«, sagte Frau Kalberer zu Brenner. »Ich schlage vor, dass ich Sie intensiv mit Violett bestrahle. Wahrscheinlich spielt auch Gelb eine gewisse Rolle. Fühlen Sie sich manchmal wie ein römischer Feldherr, dem seine Truppen davongelaufen sind?«

Brenner soll darauf hin resigniert gelacht haben.

Er sagte: »Ich fühle mich wie ein beschissener Taxifahrer, dem sein Taxi nicht mehr gehorcht.«

Auch darauf wusste Frau Kalberer eine Antwort.

»Sie müssen in Ihrer Jugend mit Gelb bestrahlt worden sein. Sind Sie in der Nähe eines Sonnenblumenfelds aufgewachsen?«

»Meine Mutter starb an Gelbsucht, könnte es damit zusammenhängen?«, sagte Brenner, sagte Frau Kalberer.

Das Grün spannte meine Stirn und ich wagte es, ein Auge zu öffnen. Frau Kalberer lächelte und drehte die Lampe von meinem Gesicht weg.

»Die Tragik dieser Menschen besteht darin, dass sie nicht akzeptieren können, dass Farben ihr Leben nicht nur beeinflussen, sondern regelrecht bestimmen.«

»Sie haben Hans Brenner auf einer Taxifahrt kennen gelernt?«

»Nein, nein. Sein Chef bat mich, Herrn Brenner zu therapieren.«

»Und woher kennen Sie Brenners Chef?«

»Er ist bei mir in Behandlung. Typischer Fall von Orange. Herr Talmann, so heißt Brenners Chef, leidet an gewissen hormonellen Störungen. Er ist hormonell instabil.«

»Klingt so, als würde der Mann an sexuellen Ausschweifungen zu Grunde gehen.«

»Mehr darf ich nicht verraten. Ich habe noch ein paar Termine frei. Ich werde Sie entgrünen. Danach fühlen Sie sich wieder wie neunzehn.«

»Mit neunzehn fühlte ich mich elend und hatte Pickel.«

»Ihnen kann man es überhaupt nicht recht machen. Das ist typisch für eine multicolorale Fehlfunktion. Sie sollten sich täglich mit verschiedenen Grünstufen bestrahlen lassen.«

Ich verließ die farblose Praxis und machte mich auf die Suche nach einem bunten Steak, fand aber nur fleischlose Gerichte in einem Restaurant, wo die Gäste aussahen, als hätten sie gerade einen Allergietest über sich ergehen lassen. Der Chef des toten Taxifahrers sah dafür erfrischend ungesund aus. Ein dicker Bauch quoll aus seiner Hose und er roch wie ein voller Aschenbecher.

»Ich mag den Geruch von Benzin und Öl. Schon als Kind habe ich am liebsten in der Garage meiner Eltern gespielt. Wenn ich in Urlaub fahre, besuche ich regelmäßig ausländische Tiefgaragen. Wußten Sie, dass Benzin überall anders riecht?«

»Wie viele Taxifahrer arbeiten für Sie?«

»Zwölf. Dazu kommen noch ein paar, die nur an einzelnen Tagen oder am Wochenende fahren. Eigentlich bin ich zu klein, aber um größer zu werden, fehlt mir das Geld. Wahrscheinlich ziehe ich mich sowieso bald zurück. Es ist wie eine Seuche. In die mechanische Welt dringt der Computer immer mehr ein. Ich kann mit diesen Dingern nichts anfangen. Bei einer Maschine macht man sich die Hände schmutzig, dafür läuft sie nachher wieder, aber ein Computer ist undurchschaubar.«

»Und Hans Brenner? War er auch undurchschaubar?«

»Ein armer Kerl. Er ist krank gewesen, aber ich habe ihn nicht entlassen, obwohl er so viele Leerfahrten machte wie kein anderer meiner Fahrer. Weshalb interessieren Sie sich für ihn?«

»Seine Freundin glaubt, dass er ermordet worden ist.«

»Das kann ich verstehen. Sich mit dem Gedanken abzufinden, dass jemand einfach so geht, freiwillig, das ist unerträglich. Leider war es aber so. Brenner hatte Schulden und ihn plagten Ängste.«

Mich plagten ebenfalls Ängste, allerdings nicht solche, die mir den Verstand raubten. Aber ich hatte schon mehrfach erlebt, dass Klienten, denen man eine unangenehme Wahrheit bestätigt, ziemlich knausrig werden können. Meine Klientin empfing mich sinnigerweise in einem Shopping-Center, wo eine Truppe von Heilsarmisten Weihnachtslieder sang.

»Zuerst konnte ich es nicht glauben, aber als ich die Quittung fand, staunte ich nicht schlecht. Hans hat am Tag vor seinem Tod vier Anzüge gekauft. Da drüben, in dem Geschäft.«

»Sieht teuer aus.«

»Ist es auch. Was sagen Sie dazu? Ein Selbstmörder, der sich neue Anzüge kauft?«

»Konnte er sich die Klamotten überhaupt leisten?«

»Natürlich nicht. Er liebte es, Taxifahrer zu sein. Aber Taxifahrer verdienen lausig. Zudem spielte er gerne auf seinem Computer. Dutzende von teuren Spielen hat er sich jedes Jahr gekauft. Und alle zwei Jahre einen neuen Computer. Er hatte Schulden. Mir will einfach nicht in den Kopf, weshalb er sich diese Anzüge gekauft hat.«

Sie hielt mir die Kaufquittung unter die Nase. Ich staunte auch nicht schlecht. Die Anzüge kosteten so viel wie drei Monatsmieten für mein Büro. Frau Hämmerli lud mich zu einem Teller Pommes ein. Mein Magen tat, was er in solchen Situationen immer tut: freudig knurren.

In der Wohnung meiner Klientin waren alle Fenster offen und kein Stäubchen wirbelte durch die kahl eingerichteten Zimmer. Sie wohnte in einem Haus, das von zwei stark befahrenen Straßen eingerahmt wurde. Meine Blick schweifte durch die Räume, doch nirgends erblickte ich ein Wasserbett.

»Ich habe das Bett verkauft. Es ist ganz gesund, eine Weile auf dem Boden zu schlafen.«

»Und ich dachte immer, ich sei der einzige, der diesem Hobby nachgeht.«

»Natürlich schlafe ich nicht direkt auf dem Boden. Ich habe mir eine spezielle Matratze aus Schaumstoff und Leder machen lassen. Da hat meine Allergie keine Chance.«

»Das Leben einer Allergikerin scheint mir reichlich kostspielig zu sein.«

»Ist es auch. Aber was soll ich tun? Wenn ich ständig niese, verliebt sich nie mehr ein Mann in mich.«

»Männer sind nicht sehr wählerisch, wenn es ums Niesen geht.«

»Ich verstehe das einfach nicht. Vier teure Anzüge hat er sich gekauft. Und diese seltsamen Andeutungen, die er machte, als wir uns zuletzt gesehen haben.«

»Was für Andeutungen?«

»Ich habe Ihnen nichts davon erzählt, weil ich zuerst dachte, Sie könnten sie falsch interpretieren. Wir tranken etwas in einer Bar. Hans war sehr aufgekratzt. Er zeigte mir eine digitale Kamera, die er gerade gekauft hatte.«

»Noch eine unnütze Ausgabe?«

»Ich sagte ihm, dass man immer nur so viel Geld ausgeben sollte, wie man verdient. Er nannte mich altmodisch. Und dann meinte er, es würde sich sowieso bald alles ändern. Was, fragte ich ihn. Alles, sagte er. Wann, fragte ich. Abwarten, sagte er.«

»Verstehe. Sie glaubten zuerst, dass er damit seinen Selbstmord ankündigen wollte.«

»Ich wollte es zuerst nicht wahrhaben.«

»Er könnte aber auch etwas anderes damit gemeint haben.«

»Genau. Er könnte damit angedeutet haben, dass er drauf und dran war, zu Geld zu kommen.«

»Und das wiederum könnte ein Hinweis darauf sein, weshalb er ermordet worden ist.«

»Aber was hat er gemacht? Einen Überfall? Vielleicht mit einem Komplizen?«

Wie immer, wenn es um ungeklärte Kriminalfälle ging, war der Weg ins Polizeipräsidium nahe liegend und dennoch beschwerlich. Es gelang mir, zwischen zwei Kreuzworträtseln einige Auskünfte zu erhalten.

»Würden wir den ganzen Tag in Mordfällen wühlen, die gar keine sind, wäre das Verschwendung von Steuergeldern. Wenn Sie das tun, Maloney, dann nennt man das wohl Resozialisierung.«

»Hans Brenner hat sich nicht das Leben genommen, er wurde ermordet.«

»Ich habe mir die Akte noch einmal angeschaut, Maloney. Sie ist so dünn wie das Klopapier auf unseren Toiletten. Es gab am Tatort allerdings einige seltsame Spuren. Man fand fremde Fingerabdrücke an verschiedenen Schubladen. Das muss aber nichts heißen. Vielleicht nutzte ein Einbrecher den Umstand, dass sich der Mieter gerade aus dem Fenster ins Jenseits verabschiedet hatte.«

»Oder der Mörder suchte nach etwas, was er in der Wohnung vermutete.«

»Vielleicht, oder möglicherweise. Das sind alles Wörter, die in meinen Kreuzworträtseln praktisch nicht vorkommen.«

»Hat man auch fremde Fingerabdrücke am Computer gefunden?«

»Davon steht hier nichts. Worauf wollen Sie eigentlich hinaus, Maloney?«

Ich wollte vor allem aus dem tristen Gebäude hinaus, was mir wenig später auch gelang. Gemeinsam mit meiner Klientin betrat ich die Wohnung des toten Taxifahrers. Der Mietvertrag war noch nicht gekündigt worden und die Verwandten des Toten hatten noch nichts aus der Wohnung entfernt.

»Und Sie glauben tatsächlich, dass wir auf dem Computer etwas finden, was uns auf die Spur des Mörders bringt?«

»Allerdings. Ihr Freund hat sich eine digitale Fotokamera gekauft. Die Bilder, die er damit geschossen hat, sind vermutlich auf der Festplatte des Computers abgelegt.«

»Aber was haben die Bilder mit seinem Tod zu tun?«

»Das wissen wir, sobald wir die Bilder gesehen haben.«

»Hier. Das sind die Fotos. Oje. Ich glaube, das sind sie nicht. Das sind pornographische Fotos.«

Sie errötete und versuchte, mit der Handfläche das Computerbild zu verdecken.

»Er hat mir nie erzählt, dass er solche Fotos macht. Es sind schlechte Fotos, nicht wahr?«

»Aber man erkennt die beiden Hauptdarsteller.«

Frau Hämmerli nahm die Hand weg und betrachtete die beiden Darsteller eingehend.

»Ein dicker weißer Mann und eine schöne junge Schwarze.«

»Und der Dicke ist kein anderer als Hans Brenners Chef.«

»Hat er Hans dafür bezahlt, diese scheußlichen Fotos zu knipsen?«

Ich erklärte ihr, wozu solche Fotos gut sein konnten. Sie schüttelte langsam den Kopf und als sie den Computer wieder ausschaltete, verloren sich einige ihrer Illusionen in der Welt der elektronischen Bauteile. Sie schwieg, als ich mich von ihr verabschiedete. Herrn Talmann traf ich erwartungsgemäß in der Tiefgarage.

»Es war ein Schock für mich, als Brenner mir die Fotos zeigte. Stellen Sie sich das vor: Ich habe ihm den Rücken frei gehalten, ich habe ihn zu der Therapeutin geschickt, damit er seine Probleme in den Griff kriegt. Und was tut er?«

»Er redet mit der Therapeutin nicht nur über seltsame Farbtherapien, sondern auch über seinen Chef. Und die Therapeutin ist ziemlich gesprächig und erzählt ihm, dass Sie unter hormonellen Verwirrungen leiden.«

»Diese Frau hat mir geholfen, als ich starke Rückenschmerzen hatte. Sie hat mir auch geholfen, als ich vor ein paar Jahren ausgesprochen trübsinnig wurde. Ich dachte, sie könne auch mein sexuelles Verlangen nach jungen dunkelhäutigen Frauen heilen. Es muss mit einem Farbschock zu tun haben. Aber die Therapie half nicht.«

»Brenner erfuhr davon und kaufte sich eine neue Kamera.«

»Er muss mich beschattet haben. Es war erniedrigend, als ich die Fotos sah. Er wusste, dass ich es mir nicht erlauben kann, fremdzugehen. Ich gehöre einer Freikirche an, für die Ehebruch ein Verbrechen ist. Ich hätte alle meine Freunde verloren.«

»Ich nehme an, auch Mord ist in dieser Freikirche ein Verbrechen.«

»Ich war nicht ich selbst, als ich es tat. Es kam über mich.«

»Das sagen fast alle.«

»Die Gefängnisstrafe wird unerträglich für mich sein. Im Gefängnis riecht es weder nach Motorenöl noch nach Benzin.«

»Dafür riechen die Mitgefangenen.«

»Es ist wie ein schlechter Witz. Wenn Brenner mich gefragt hätte, ob ich ihm Geld leihen würde, dann hätte ich es gemacht. Aber erpressen lasse ich mich nicht.«

Meine Klientin war einerseits traurig und andererseits froh darüber, dass sich der Tod ihres Freundes schließlich als Mord herausstellte. Mein Honorar investierte ich in ein verlängertes Wochenende in Rom. Es regnete jeden Tag und es streikte so ziemlich jeder und jede. Aber unsereins gönnt sich ja sonst nichts. So geht das.

Seemannsgarn

Die Stimme klang nicht mehr sehr jung und ziemlich aufgeregt. Ich beeilte mich, damit die Dame nicht vor Aufregung starb, ehe sie mir einen Vorschuss zahlen konnte. Frau Porta lebte in einem hübschen Backsteinhaus im Parterre und empfing mich im Wohnzimmer, das mit Möbeln und Teppichen voll gepfercht war.

»Sie sind also dieser Detektiv?«

»Maloney, wenn's recht ist. Sie sagten etwas von einem Einbruch. Soweit ich diesen Raum überblicken kann, fällt es mir schwer zu glauben, dass vor dem Einbruch noch mehr Zeugs herumstand.«

»Hier, sehen Sie? Das ist mein Fernseher.«

Sie zeigte auf ein Monstrum, bei dessen bloßem Anblick meine Bandscheibe knirschte.

»Gibt es für so etwas überhaupt noch Ersatzteile?«

»Der Fernseher läuft prima. Aber die Truhe ist weg.«

»Was denn für eine Truhe?«

»Eine alte Seemannstruhe. Eine wunderschöne Truhe. Diese Verbrecher haben nur diese Truhe und ein wenig Geld gestohlen.«

»Interessant. Und was ist das besondere an dieser Truhe?«

»Die Truhe gehörte meinem Sohn. Er ist vor einem Jahr gestorben. Er fuhr früher zur See. Ich besitze sonst

nichts Wertvolles. Aber diese Truhe hat mal einem See-
räuber gehört.«

Frau Porta schaute traurig auf die Stelle, wo die Truhe
gestanden hatte. Nach einem lukrativen Fall sah das
nicht gerade aus. Ich versuchte dennoch mein Möglichs-
tes, um bei Frau Porta einen guten Eindruck zu hinterlassen. Sie nahm es dankbar zur Kenntnis.

»Glauben Sie, dass Sie die Truhe wiederbeschaffen
können?«

»Waren Sie schon bei der Polizei?«

»Ja. Aber ich glaube nicht, dass die das so wichtig neh-
men. Das war ein ganz junger Polizist, der bei mir war.
Und junge Polizisten haben keine Ahnung, welchen
Wert Erinnerungen haben.«

»Wann ist der Einbruch passiert, Frau Porta?«

»Vor zwei Tagen. Ich war in der Stadt und habe mit ein
paar Freundinnen Kaffee getrunken. Die Einbrecher
sind durch die Balkontüre in die Wohnung gelangt.«

»Gab es Zeugen?«

»Nein. In diesem Haus wohnen nur ältere Menschen
und nicht jeder kann sich ein Hörgerät leisten.«

»Was wurde außer der Truhe gestohlen?«

»Geld. Nicht viel.«

»Ziemlich seltsam.«

»Wissen Sie, mein Sohn hat die Truhe kurz vor seinem
Tod restauriert. Sie sieht wirklich sehr schön aus. Und
ich glaube, sie ist wertvoll.«

»Haben Sie ein Foto von der Truhe?«

»Ja. Ich dachte gleich, dass Ihnen das helfen kann.
Hier, eine schöne Truhe, nicht wahr?«

Ich schaute mir das Bild an. Es zeigte eine alte Truhe,
mehr nicht. Unsereins kennt sich nicht so gut aus in alten
Truhen, aber ich hatte auch schon schönere Truhen gese-

hen. Ich tat, was ich in solchen Situationen immer tue: freundlich lächeln. Dann machte ich mich auf den Weg zu einem Antiquitätenhändler, der dafür bekannt war, auch heiße Sachen zu kaufen. Er lächelte professionell, als ich seinen Laden betrat. Seine Glatze war poliert wie altes Tafelsilber.

»Sie wünschen?«

»Philip Maloney. Privatdetektiv.«

»Schauen Sie sich ruhig um. Ich hab nichts Heißes hier.«

»Mich interessiert nur, ob Ihnen etwas Heißes angeboten wurde.«

»Ich weiß von nichts.«

Ich legte das Foto vor ihn hin.

»Hier. Diese Truhe.«

»Da kann ich nur lachen. Ich hätte nie gedacht, dass ich dieses Ding nochmals zu sehen kriege.«

»Sie kennen die Truhe?«

Er nahm das Foto in die Hand.

»Und ob. Die wurde mir gestern angeboten. Ich hab den Kerl rausgeschmissen.«

»Ist die Truhe so heiß oder sind Ihre Füße so kalt?«

»Schrott. Die Truhe ist nichts wert. Von den Dingern verstauben Dutzende in den Brockenhäusern. Zudem ist diese Truhe ziemlich scheußlich, und irgendein Laie hat daran herumgebastelt. Und kaputt ist sie auch. Ich sagte es schon: Schrott.«

»Sind Sie absolut sicher?«

»Ich lebe davon, dass ich Schrott von Wertvollem unterscheiden kann. Der Kerl ist doch verrückt. Kommt alle zwei Monate zu mir und will mir irgendwelchen Schrott andrehen.«

»Sie kennen den Mann, der die Truhe verkaufen will?«

»Rudi Zacher. Ich gebe normalerweise keine Kunden preis. Aber wenn es dazu dient, diesen Idioten aus dem Verkehr zu ziehen, dann wohlan, Herr Detektiv.«

Der Glatzkopf gab mir Zachers Adresse. Er wohnte in einem heruntergekommenen Haus, wo es nach voll gemachten Windeln und verschimmeltem Fleisch roch. Zacher öffnete nicht. Die Tür war alt und klapprig. In Zachers Wohnung roch es nicht viel besser als im Treppenhaus. Ich brauchte nicht weit zu gehen, um die Truhe zu finden. Sie stand in einem Zimmer. Daneben kauerte ein Mann. Seine Hände waren auf dem Rücken an ein Abflussrohr gefesselt und an seinen zerzausten Haaren klebte eine Menge Blut.

Die Polizisten rümpften die Nasen, als sie die Wohnung betraten und als sie sie wieder verließen, war ihnen anzusehen, wie froh sie waren, am Feierabend wieder in ihre Spießerwohnungen, wo es nach Lufterfrischern roch, zurückzukehren. Nur einer machte da eine Ausnahme.

»Und Sie haben wirklich nichts verändert am Tatort, Maloney?«

»Würden Sie hier freiwillig etwas berühren?«

»So wie es ausschaut, wurde der Mann vergangene Nacht getötet. Platzwunde am Kopf und daneben der Einschuss. Schaut so aus, als habe man ihn zuerst niedergeschlagen und dann gefesselt und erschossen.«

»Gehört die Truhe zu den Beweismitteln, oder kann ich sie mitnehmen?«

»Die Spuren wurden gesichert, Maloney. Also meinetwegen. Wie heißt die Frau, für die Sie arbeiten?«

»Porta.«

»Der Name kommt mir bekannt vor.«

»Vermutlich aus Ihren letzten Ferien in Rimini. Dort unten heißt jede zweite Tür so.«

»Schon möglich. Haben Sie den Knoten gesehen, Maloney?«

»Was denn für einen Knoten?«

»Na den Knoten, mit dem der Mann an das Abflussrohr gefesselt war. Habe noch nie einen solchen Knoten gesehen. Sieht sehr professionell aus.«

»Ein Seemannsknoten?«

»Daran habe ich auch gedacht. Meine Leute werden sich das noch genauer ansehen. Eigentlich müsste ich die Truhe noch hier behalten.«

»Sie können sie jederzeit bei Frau Porta besichtigen. Was ist eigentlich mit den Fingern?«

»Was für Finger, Maloney?«

»Ist Ihnen das nicht aufgefallen? Der Tote hatte die Finger gespreizt. Wie bei einem Victory- Zeichen.«

»Vielleicht hatte der Mann Gicht oder er war ein Optimist. Sie müssen mich jetzt entschuldigen, Maloney. Aber ich habe noch andere Fälle am Hals.«

Hugentobler kratzte sich am Kinn und ging. Ich packte die Truhe auf meine Schultern und ging ebenfalls. Im Bus wurde ich bewundert wie ein Wesen von einem anderen Stern. Mir tat das Kreuz weh, als ich endlich in Frau Portas Wohnung stand.

»Mich trifft der Schlag! Sie haben die Truhe.«

»Vielleicht könnten Sie noch einen Moment warten, bis wir das Finanzielle geregelt haben.«

»Wie viel möchten Sie?«

»Ein Tagesansatz. 500 Franken.«

»Aber selbstverständlich. Schade.«

»Was ist schade?«

»Hier, sehen Sie. Ein Griff fehlt.«

»Allerdings. Und der andere ist auch unbrauchbar. Wer ist bloß auf die Idee gekommen, so hässliche Messingdinger an die Truhe zu nieten?«

»Das war mein Sohn. Er war ein begabter Handwerker.«

»Wenn Sie das sagen, wird es wohl stimmen.«

»Jemand hat den zweiten Griff entfernt.«

»Kennen Sie einen Rudi Zacher?«

»Zacher? Nie gehört? Hat er die Truhe gestohlen? Ich fordere eine harte Strafe für ihn. Mindestens lebenslänglich.«

»Nichts zu machen, Frau Porta. Der Mann ist tot.«

»Tot? Das geschieht ihm recht. Wo kämen wir denn hin, wenn man ungestraft wertvolle Truhen stehlen darf.«

Ich machte mir nicht die Mühe, ihr zu sagen, dass die Truhe keinen materiellen Wert hatte. Sie bedankte sich ausgiebig und ließ mich ungestraft gehen. Der Fall war nur für Frau Porta gelöst. Anderen bereitete er eine Menge Kopfzerbrechen.

»Ein Zimmermannsstek, Maloney.«

»Danke. Ich habe schon gegessen.«

»Der Knoten, Maloney. Fachleute nennen das einen Zimmermannsstek. Das ist die hohe Schule des Knotenschnürens. Wenn Sie mich fragen, ist der Täter ein ehemaliger Seemann.«

»Würden Sie jemanden umbringen und dann Ihre Handschellen oder Ihre Polizeimarke liegen lassen?«

»Nein. Aber das ist eine Frage der Intelligenz, Maloney.«

»Allerdings.«

»Hier, Maloney. Porta Enrico. Ich wusste gleich, dass mir der Name bekannt vorkommt. Ein ehemaliger Seefahrer. Kam vor einem Jahr bei einem Autounfall ums Leben.«

»Ein Seefahrer?«

»Ja. Und dieser Enrico Porta war in eine Sache verwickelt, die nie ganz aufgeklärt wurde. Ein Raubüberfall, bei dem einige hochkarätige Diamanten gestohlen wurden.«

»Interessant. Und Porta war einer der Täter?«

»Er starb, ehe die Ermittlungen gegen ihn ins Laufen kamen. Einer der Täter wurde kurz darauf verhaftet. Sitzt jetzt im Knast. Er hat den Überfall gestanden.«

»Und wie kommen Sie darauf, dass Porta etwas mit dem Raub zu tun hatte?«

»Es waren zwei Männer. Einer der beiden wurde verpfiffen. Bei der ersten Vernehmung sagte er, Porta sei sein Komplize gewesen. Später hat er widerrufen.«

»Vielleicht wollte er nichts Schlechtes über einen Toten sagen?«

»Das glauben Sie doch selbst nicht, Maloney? Nein, da steckt etwas ganz anderes dahinter. Die geklauten Diamanten sind nämlich nie wieder aufgetaucht. Wenn ich es mir recht überlege, sollten wir uns diese Truhe noch einmal genauer ansehen, Maloney.«

Hugentobler schaute sich die Truhe noch einmal genauer an, aber es kam nichts Gescheites dabei heraus. Am nächsten Vormittag besuchte ich einen gewissen Herrn Kuster, der wegen des Raubüberfalls im Gefängnis saß.

»Haben Sie Zigaretten?«

»Ja, hier.«

Er zündete sich die Zigarette an und sog den Rauch tief in die Lunge. Ein Hustenanfall war die Folge. Ich bot ihm ein Taschentuch an, er schüttelte den Kopf und rauchte weiter.

»Sie sind wohl auch auf die Beute scharf?«

»Glauben Sie, dass Enrico Porta die Steine versteckt hat?«

»Möglich. Aber es gibt noch jemanden. Enrico hat einen Tipp erhalten.«

»Und wer war der Informant?«

»Eine einwandfreie Connection. Ich glaube, der Tipp kam aus dem Laden.«

»Und Sie haben kein Interesse mehr an den Steinen?«

»Ich habe beim Prozess nichts gesagt. Enrico war tot, und ich dachte, vielleicht komme ich später mal an die Beute ran. Heute interessieren mich die Steine nicht mehr. Ich sitze die paar Jahre ab und mache mich dann aus dem Staub. Hab Verwandte in Südamerika.«

Er gab mir die Adresse des Händlers, den er überfallen hatte. Ich ließ ihm die Zigaretten da und machte mich auf den Weg. Statt in einem Bijouteriegeschäft landete ich in einer Boutique. Eine junge Frau in roter Strumpfhose kam auf mich zu.

»Guten Tag.«

»Nicht viel los hier.«

»Ziemliche Flaute. Es gibt zu viele Boutiquen hier in der Gegend.«

»Ich war früher oft hier. War in diesem Haus vorher nicht ein Bijouteriegeschäft?«

»Stimmt.«

»Was ist aus dem Besitzer geworden?«

»Keine Ahnung. Möchten Sie ein Hemd kaufen? Habe einige Seidenhemden, die ich sehr günstig verkaufen könnte.«

Ich schaute mir die Hemden an, schüttelte den Kopf

und ging. Die Polizei war in ihren Ermittlungen auch nicht viel weiter gekommen.

»Wir haben schon über ein Dutzend Seeleute vernommen. Leider ohne Erfolg.«

»Sie könnten noch ein paar Gipser vernehmen. Die Erfolgsaussichten wären auch nicht viel tiefer.«

»Dieser Porta hat die Diamanten wahrscheinlich irgendwo vergraben. Vielleicht werden sie in ein paar Jahren ausgebuddelt.«

»Wissen Sie, was aus dem Bijoutier geworden ist, der damals überfallen wurde?«

»Ja. Er hat sein Geschäft aufgegeben und ist ins Ausland gezogen.«

»Hatte der Mann Mitarbeiter?«

»Ja, eine Frau. Wurde damals auch vernommen. Kam aber nichts dabei heraus. Sie hat das Ladenlokal übernommen und eine Boutique eröffnet.«

»Was Sie nicht sagen. Und wie heißt die Dame?«

»Victoria Loebell.«

»Victoria?«

»Genau. Kennen Sie die Frau?«

Manchmal ist alles viel einfacher, als man es sich vorstellt. Ich ging zurück in mein Büro und verkleidete mich als Fernsehmitarbeiter. Ich zog einige Grimassen vor dem Spiegel und lächelte übertrieben. Es sah aus wie echt. Und auch der Schnurrbart erinnerte nicht mehr an Maloney. Dann kaufte ich mir einen Strick und besuchte Frau Loebell.

»Kann ich Ihnen behilflich sein?«

»Sie können. Ich bin Günther Witzmann von der Sendung *Junge komm bald wieder.* Wir verspannen einmal im Monat Seemannsgarn im Fernsehen und suchen Leute, die Seemannsknoten schnüren können. Mit einem Zimmermannsstek ist Ihnen ein Auftritt in unserer Show sicher.«

»Ein Zimmermannsstek? Ja, den kann ich. Krieg ich ein Honorar für den Auftritt?«

Frau Loebells Augen begannen zu glänzen. Sie knotete drauflos. Am Ende hielt ich einen Strick in der Hand, der genauso aussah, wie jener, mit dem Rudi Zacher gefesselt worden war.

»Soll ich Ihnen noch andere Knoten zeigen?«

»Phantastisch. Wo haben Sie das bloß gelernt?«

»Ich hatte mal einen Freund . . . Aber darüber möchte ich in der Sendung nicht sprechen.«

»Das brauchen Sie auch nicht, Frau Loebell. Es genügt, wenn Sie es der Polizei erzählen.«

»Was soll das heißen?«

»Sie haben Rudi Zacher ermordet. Es hat keinen Sinn, es zu leugnen. Die Indizien sprechen eine deutliche Sprache.«

»Was für Indizien?«

»Sie waren mit Enrico Porta befreundet und gaben ihm den Tipp für den Überfall. Als Enrico starb und Ihre Boutique schlecht lief, überlegten Sie, wo er die Diamanten versteckt haben könnte. Dann fiel Ihnen die Truhe ein. Sie beauftragten Rudi Zacher mit dem Einbruch. Der wollte die Truhe möglichst schnell zu Geld machen. Als er erfuhr, dass die Truhe wertlos ist, wollte er von Ihnen wissen, weshalb Sie so scharf darauf waren. Sie schlugen ihm etwas auf den Kopf, fesselten ihn und ermordeten ihn anschließend. Zacher war noch lebendig genug, um seine Finger zu spreizen und ein V-Zeichen zu machen. V für Victoria.«

»Glauben Sie, dass außer Ihnen sonst noch jemand diesen Unsinn glauben wird?«

»Spätestens dann, wenn die Diamanten auftauchen. Sind sie hier im Laden oder bei Ihnen zu Hause?«

»Ich weiß nicht, wovon Sie sprechen.«

»Und ob Sie das wissen, Frau Loebell. Die Diamanten waren im Messinggriff versteckt, den Porta kurz vor seinem Tod anfertigte. Und ich bin sicher, dass wir diesen Messinggriff bei Ihnen finden werden.«

Sie schwieg, und in ihrem Kopf zuckten die Gedanken wohl wie kleine Blitze hin und her. Ich rief die Polizei an und kurze Zeit später wurde Frau Loebell verhaftet. Sie war nicht besonders vorsichtig gewesen. Der Messinggriff wurde im Kellerabteil ihrer Wohnung gefunden und die Tatwaffe lag säuberlich gereinigt in einem Schrank. Ich besuchte Frau Porta und sagte ihr, dass sie auch den zweiten Griff der Truhe bald wiedererhalten würde. Sie war gerührt und lud mich zu einem Schnaps ein. So geht das.

Das Comeback

In meinem Beruf darf man sich über nichts wundern. Schließlich bezahlt auch der verrückteste Klient den gleichen Tagesansatz. Wenn er überhaupt bezahlt, was wiederum keine Selbstverständlichkeit mehr ist heutzutage. Mein neuer Klient sah aus, als würde er seit Monaten vergeblich nach einer Dusche suchen. Er roch auch dementsprechend.

»Endlich habe ich Sie gefunden. Maloney! Was für ein Name, darf ich mich vorstellen: Morrison, zur Zeit aber unter dem Pseudonym Fruttiger unterwegs.«

»Kein Problem, wenn ich jedem der beiden Herren separat eine Rechnung stellen darf.«

»Tja, also mit dem Geld müssten Sie warten bis zu meinem Comeback.«

»Ein Boxer hat mir gerade noch gefehlt.«

»Kein Boxer, ich bin Musiker und Lyriker. Mein Comeback wird weltweit für Schlagzeilen sorgen.«

»Das behaupten alle. Wo treten Sie überhaupt auf. In Ihrer Garage? Das Badezimmer kann es nicht sein.«

»Das Hallenstadion wird sogar zu klein sein. Am liebsten Openair. Vielleicht im Bernabeu-Stadion, da passen fast 100 000 rein. Und das zehnmal hintereinander.«

»Und was erwarten Sie von mir? Dass ich jetzt aufstehe und klatsche?«

»Wenn Sie wollen, singe ich Ihnen etwas vor. *Come on Baby light my fire.*«

»Tut mir Leid, ich bin Nichtraucher, schon seit Jahren.«

»Das macht nichts. Ich habe auch aufgehört. All die Drogen waren nicht gut für mich. Meine Kreativität litt darunter. Jetzt geht es mir aber wieder gut. Ich bin bereit für mein Comeback.«

»Dann comebacken Sie ruhig, aber verlassen Sie zuerst mein Büro.«

»Nein, nein. Sie müssen mir helfen. Der endgültige Beweis fehlt noch.«

»Was für ein Beweis?«

»Der Beweis, dass ich Jim Morrison bin.«

»Ist das so wichtig?«

»Und ob und ob. Jim Morrison, das bin ich. Jim Morrison, der Sänger und Komponist der Doors. Offiziell bin ich 1971 in Paris gestorben. An einem Herzschlag. Das ist natürlich Unsinn. Die haben jemand anders begraben. Ich habe eine Überdosis erwischt und lag jahrelang im Koma. Als ich erwachte, konnte ich plötzlich fließend deutsch sprechen und wurde Schweizer. Und jetzt sind sie hinter mir her.«

»Wer ist hinter Ihnen her?«

»Natürlich die Plattenbosse. Die verdienen sich dumm und dämlich an meiner Legende, an meinem Mythos, die wollen keinen lebenden Jim Morrison, die wollen Hans Fruttiger, die wollen mich umbringen. Sie können das verhindern, liefern Sie der Welt den Beweis. Ich bin Jim Morrison. Soll ich Ihnen eine ganze CD vorsingen?«

Ich machte ihn darauf aufmerksam, dass Gesang in meinem Büro von der Hausverwaltung streng verboten war. Er bedauerte dies und zeigte mir seine Arme, die voller vernarbter Einstichstellen waren. Auch seinen linken Fuß zeigte er mir. Ich öffnete das Fenster, konnte aber die Übelkeit nur mühsam unterdrücken. Schließlich hatte er ein Einsehen und gab mir seine Visitenkarte. Ich staunte nicht schlecht und stattete dem Sanatorium umgehend einen Besuch ab.

»Sieh an, Maloney. Hat man Sie endlich eingeliefert? Soll ja heutzutage ganz human zu und her gehen in den Irrenhäusern. Eigentlich schade, ich hätte gerne zugeschaut, wie man Sie einer Elektroschockbehandlung unterzieht.«

»Nichts ist mehr wie früher. Die Irren sehen aus wie stadtbekannte Polizisten und die Polizisten benehmen sich wie Irre.«

»Das ist allerdings tragisch, Maloney. In den vergangenen Wochen wurden zwei meiner Kollegen eingeliefert. Die neue Bussenverordnung macht uns allen zu schaffen. Diese vielen Zahlen. Das Leben besteht nur noch aus Reglementen.«

»Und aus Kreuzworträtseln. Wußten Sie, dass man in Amerika ein speziell für Polizisten entwickeltes Kreuzworträtsel eingeführt hat? Es geht von A1 bis A2, und reinschreiben muss man den ersten Buchstaben des Alphabets. Das Rätsel eignet sich auch als IQ-Test für angehende Polizisten. Die Erfolgsquote soll bei sagenhaften fünf Prozent liegen.«

»Polizisten besitzen in der Regel eine enorme Allgemeinbildung, Maloney. Wir müssen beispielsweise alle internationalen Kennzeichen im Kopf haben.«

»Dann wissen Sie sicher, was CD bedeutet?«

»CD? Klar. Corpus Delicti. Leider sind nur die wenigsten gestohlenen Autos so schön gekennzeichnet.«

Hugentobler zählte mir über ein Dutzend Kennzeichen auf. Ich harrte aus und ging dann nach oben ins Büro des Chefarztes. Er schaute betrübt aus. Kein Wunder, wenn einem ständig Polizisten in die Klinik geliefert werden.

»Ja, Fruttiger. Tragisch, sehr tragisch. Wurde vor mehreren Jahren auf der Straße aufgegriffen. Hat Passanten angepöbelt und Kinder geschlagen. Man ließ ihn gewähren, als er aber einen Hund anspuckte, wurde er sofort eingeliefert.«

»Und woran leidet er?«

»Amnesie. Gedächtnisverlust. Kann sich an nichts erinnern. Keine Vergangenheit, keine Kindheit. Offenbar scheint ihn auch niemand zu vermissen. Tragisch. Keine Angehörigen, niemand, der ihn durch die bloße Präsenz an Vergangenes erinnern könnte.«

»Und die Sache mit Jim Morrison?«

»Ganz natürlich. Fruttiger hat keine Identität, jeder, der das Gedächtnis verliert, verliert auch seine Identität. Normalerweise kehrt die Vergangenheit bruchstückhaft zurück, bei Fruttiger ist das leider nicht der Fall. Deshalb hat er für sich eine neue Identität erfunden. Diese Musikergeschichte hat er aus dem Fernsehen. Er kam eines Tages plötzlich zu mir und sagte: Herr Doktor, ich bin Jim Morrison, darf ich jetzt gehen, meine Band wartet auf mich.«

Ich verließ den Arzt und schaute mich ein wenig im Garten um. Dabei wurde ich das Gefühl nicht los, beobachtet zu werden. Im großen Park gab es einen alten Esel und ein paar Enten, die in einem Teich schnatterten. Die Anstaltsinsassen gingen alle wie in Zeitlupe, ein paar wurden in Rollstühlen herumgekarrt. Als ich um ein Gebüsch bog, zerrte mich eine Pflegerin am Hemd.

Ich lächelte und freute mich auf die schöne Abwechslung.

»He, was machen Sie da? Starren Sie mich nicht so an, ich will keinen Sex.«

»Wollen Sie sich mit mir hinter dem Gebüsch über Platos Vorstellungen zum Staatswesen unterhalten oder bloß ein paar Käfer zertreten?«

»Weder noch. Es geht um Fruttiger. Sie waren doch beim Chefarzt oben, oder? Er weiß noch nichts davon, dass Fruttiger nicht mehr zurückkommt. Ich habe ihm geholfen wegzukommen. Man hält ihn hier gefangen.«

»Und weshalb macht man das?«

»Na, warum wohl? Weil er tatsächlich Jim Morrison ist.«

»Das darf doch nicht wahr sein. Ich habe mir die Biographie dieses Schreihalses angesehen. Er wurde 1943 geboren. Wäre heute also 53 Jahre alt. «

»Er lag jahrelang im Koma. Das hält jung. Sollten Sie vielleicht auch mal versuchen.«

»Danke, aber wenn das Leben im Gebüsch nur noch verrückte Frauen anbietet, verzichte ich auf einen Jungbrunnen.«

»Ich bin nicht verrückt. Fruttiger wurde abgekapselt von den anderen Patienten. Er ist sozusagen Chefsache. Fruttiger hat mir vorgesungen. So erotisch singen und sich bewegen, das kann nur einer. Er ist Jim Morrison. Und er wird mir ein Lied widmen, sobald er ganz draußen ist. Das hat er mir versprochen.«

Sie gab mir die Nummer eines Mobiltelefons, über das sie jederzeit für mich und Fruttiger erreichbar war. Ich verließ die Klinik und wünschte mir einen ganz normalen Klienten, dem die Untreue seiner Frau schlaflose Nächte bereitete. In meinem Büro wartete noch immer mein ungewaschener Klient auf sein großes Comeback. Ich schickte ihn unter die Dusche und verbot ihm, dabei zu singen. Als er eine Stunde später vor mir stand, sah er ganz passabel aus, doch auf eine Bühne hätte ich ihn nie und nimmer gestellt.

»Ich könnte vor Musikkritikern singen. Oder ich könnte mich vor meinen Groupies von damals nackt ausziehen. Die würden mich sicherlich wiedererkennen.«

»Ich habe einen besseren Vorschlag. Sie gehen zurück in die Klinik, heiraten die Pflegerin und lassen sich in einer Doppelzelle luftdicht einschließen.«

»Sie glauben mir also auch nicht. Und was ist mit dem Engel, der mich regelmäßig besucht?«

»Auch das noch. Spielt der Engel Harfe und sieht aus wie eine dieser Gören von der Kelly Family?«

»Der Engel besucht mich in Gestalt einer alten Frau. Ich habe mich sofort wohl gefühlt in ihrer Gegenwart, sie war mir irgendwie vertraut. Vielleicht war ich damals tatsächlich eine Zeit lang tot. Aber jetzt bin ich wieder hier und möchte singen.«

»Was ich Ihnen jetzt sage, werden Sie nicht gerne hören, Fruttiger. Bei Ihnen sind mehr als ein Dutzend Schrauben locker. Und mein Schraubenzieher ist zu schmächtig für Leute wie Sie. Suchen Sie sich einen Therapeuten und verschonen Sie mich mit Engeln und anderen seltsamen Wesen.«

»Mein Engel heißt Margrit. Sie hat langes, dunkles Haar. Viele, viele Runzeln. Und sie besucht mich jeden Dienstag. Fragen Sie in der Klinik, die kennen alle meinen Engel. Diese Schraube ist gut angezogen, Maloney.«

Er gähnte, setzte sich auf den Boden, drehte sich ein paar Mal auf dem Hosenboden wie eine Katze, die die beste Schlafposition sucht. Dann legte er sich tatsächlich hin und begann nach wenigen Sekunden, laut zu schnarchen. Es war nicht auszuhalten. Ich packte meine Jacke und fuhr in die Klinik. Der Herr Doktor lächelte weise.

»Weshalb interessieren Sie sich überhaupt für Fruttiger? Er ist verschwunden, spurlos. Das wirft ihn um Jahre zurück. Wir hatten enorme Fortschritte gemacht.«

»Ich weiß. Jim Morrison und ein Engel. Toll, die Leistungen der modernen Psychiatrie.«

»Sie wissen gar nichts. Frau Engel ist eine pensionierte Krankenschwester, die einige unserer Patienten ab und zu besucht. Vor allem jene, die keine Angehörigen mehr haben. Frau Engel leistet unschätzbare Dienste.«

»Wo kann ich diese Frau Engel finden?«

»Wozu, weshalb, warum? In dieser Reihenfolge, bitte. Und fassen Sie sich kurz.«

»Würg.«

»Wie bitte?«

»Sie sagten, ich solle mich kurz fassen.«

»Schon, aber ich habe Sie nicht verstanden.«

»Würg. Heißt so viel wie, ich finde Sie zum Kotzen, geschätzter Herr Doktor.«

»Das ist eine Unverschämtheit. Wissen Sie überhaupt, wer vor Ihnen steht? Ich sage nur eines: drei Doktortitel.«

»Und welcher war der teuerste?«

»Ich werde mich nicht aus der Ruhe bringen lassen. Nicht von Ihnen. Ich bleibe ganz ruhig, ganz ruhig, ich bin ganz entspannt.«

Er klammerte sich am Vorhang fest und begann zu schreien. Zwei Hilfspfleger kümmerten sich um den bedauernswerten Mann. Mir gelang es derweil, im Büro des dreifachen Doktors die Adresse von Frau Engel zu klauen. Sie lebte in einem erbärmlichen Loch, einer Einzimmerwohnung, wo es von der Decke tropfte und in einer Ecke des Zimmers der Holzboden faulte.

»Leider kann ich mir keine bessere Wohnung leisten. Ich habe all meine Ersparnisse verloren, als mein Mann mit meiner Schwester durchbrannte und beide tödlich verunglückten. Er hatte unsere Konten geplündert und wollte mit ihr nach Kanada auswandern.«

»Und jetzt suchen Sie Trost, indem Sie mental verunsicherte Menschen betreuen?«

»Sie meinen die Verrückten, oder? Die sind einsam und ich bin einsam. Wir tauschen gegenseitig ein bisschen Einsamkeit, denn mit dem Elend anderer lässt es sich leichter leben.«

»Was ist mit Fruttiger? Er scheint Ihr Lieblingspatient zu sein.«

»Er singt sehr gerne. Ich habe Musik immer gehasst. Er kommt leicht ins Schwärmen, ich habe Schwärmer und Romantiker immer gehasst. Er mag Sonnenuntergänge. Ich mag Weltuntergänge. So ist das Leben.«

»Sieht ganz so aus, als würden Sie den dreifachen Doktor lieben.«

»Albert Doktor? Oh ja. Er ist eine Kapazität.«

»Er hat also nur zwei Titel kaufen müssen. Den dritten hat er geerbt.«

»Schön wäre es. Aber leider werde ich nie etwas erben. Das Leben ist ungerecht. Meine Mutter hatte ein stattliches Vermögen, aber das meiste hat sie dem Tierheim vermacht. Und mein Mann hat den Rest mit meiner Schwester versoffen. Ich hoffe, die beiden werden täglich in der Hölle mit Pech geduscht.«

»Haben Sie in den Gesprächen mit Fruttiger nie einen

Anhaltspunkt dafür gefunden, wer er wirklich sein könnte?«

»Hans Fruttiger. Das stand auf dem Zettel, den er bei sich trug, als man ihn fand und einlieferte. Vielleicht ist es ja tatsächlich dieser Musiker. Von Elvis sagt man ja auch, dass er noch lebt, oder?«

Die Frau gehörte nicht zu jenen Menschen, die man sich zum Nachbarn wünscht. Mir ist allerdings schon zu Ohren gekommen, dass auch meine Nachbarn nicht immer glücklich darüber sind, einen dermaßen erfolgreichen Privatdetektiv in ihrer Nähe zu wissen. Da haben es die Nachbarn des Polizeipräsidiums einfacher.

»Ich weiß zwar nicht was das soll, Maloney, aber wir haben tatsächlich eine Akte Engel, aber keine Akte Fruttiger.«

»Geht es in der Akte Engel um den Unfalltod von Herrn Engel?«

»Auch, Maloney, auch. Tragödien, Maloney, in all diesen Akten verbergen sich Tragödien. Frau Engel ist eine Frau, die von Schicksalsschlägen, äh, geschlagen wurde, Maloney. Da wird man nachdenklich, wenn man so etwas liest.«

»Dann lesen Sie mal schön vor.«

»Entspann dich bei Yvonne. Ganzkörpermassage mit allem Drum und Dran.«

Ich lächelte, und er drehte die Visitenkarte verlegen in seiner Hand, ehe er sie auf den Schreibtisch legte.

»Muss jemand versehentlich liegen gelassen haben. Also, Frau Engel. Ihr Mann starb zusammen mit Frau Engels Schwester bei einem Autounfall. Grauenhaft, Maloney. Mann und Schwester gleichzeitig verloren. Die Schwester soll sich am Mann festgeklammert haben. Das ist seltsam. Beide Leichen waren nackt. Muss wohl ein besonders heißer Sommer gewesen sein. Auf alle Fälle verschwand vor zwei Jahren auch noch Frau Engels Sohn Felix spurlos. Mit dem war sie sowieso schon geschlagen, die arme Frau. Ein Krimineller war das, Glücksspiele, illegal natürlich, vermutlich auch Kreditkartenbetrug. Einfach verschwunden. Zuerst der Mann und die Schwester und dann der Sohn. Das sind Schicksale, die man im Fernsehen bringen sollte. Was meinen Sie, Maloney?«

Ich wischte mir eine halbe Träne von der Wange und fuhr zurück zu Frau Engel. Sie kam gerade aus ihrer Bruchbude und fuhr im Taxi weg. Ich folgte ihr, ebenfalls im Taxi. Vierzig Franken später stieg Frau Engel aus, ging in ein Geschäft und kaufte drei Kilo der teuersten Pralinen. Nicht schlecht für eine Frau, die mausarm war. Als ich wieder in mein Büro kam, hörte ich im Radio, dass eine Psychiatriepflegerin von einem Wagen angefahren und schwer verletzt worden war.

Die Pflegerin lag im Spitalzimmer mitten in einem Blumenmeer. Es stank übler als auf einer Wiese, fehlte bloß noch die Kuh mit dem lila Kuhfladen.

»Es geht wieder einigermaßen. Nur Quetschungen, sagen die Ärzte. Habe unglaublich Dusel gehabt. Zum Glück kann ich Judo.«

»Wieso? Haben Sie den Wagen aufs Kreuz gelegt?«

»Nein, aber ich kann perfekt abrollen. Und ich habe mich nicht gegen den Aufprall gestemmt. Der Körper reagiert von alleine am besten, ganz locker bleiben, wer sich versteift, bricht sich sämtliche Knochen bei einem Aufprall.«

»Haben Sie gesehen, wer am Steuer saß?«

»Nein. Der Wagen kam aus dem Gegenlicht. Keine Chance. Aber er hat beschleunigt, das habe ich deutlich gehört. Jemand wollte mich umbringen.«

»Glauben Sie, dass ein Zusammenhang mit Fruttigers Verschwinden besteht?«

»Ja, klar. Die wollen ihn und mich erledigen. Es geht um Millionen. Stellen Sie sich die Schlagzeilen vor: Jim Morrison ist wieder da!«

»Glauben Sie den Unsinn tatsächlich?«

»Ehrlich gesagt, nein. Aber ich liebe den Hans und wenn ich den Hans liebe, muss ich auch den Jim lieben.«

»Wann genau wurde Fruttiger in die Klinik eingeliefert?«

»Vor zwei Jahren. Er wurde in der Stadt aufgegriffen, als er eine ältere Frau und ihren Hund attackierte. Der Chefarzt Doktor Doktor Doktor hat ihn sofort abgeschirmt und so getan, als handle es sich um einen Kronprinzen.«

»Und wann besuchte Frau Engel den Patienten zum ersten Mal?«

»Nach etwa einem Monat. Das war auch die Zeit, als ich Hans zum ersten Mal sah. Traurig war es, richtig traurig, er hat sich überhaupt nicht mehr ausgekannt auf dieser Welt.«

Sie bat mich, einige der Blumen mitzunehmen und in eine Mülltonne zu schmeißen, was ich gerne tat. Es war ein sonniger Herbsttag, die Frauen trugen bunte Strumpfhosen und die Männer bunte Phantasien spazieren, es war der ideale Tag für einen Besuch bei den staatlich diplomierten grauen Mäusen in Uniform. Gemeinsam fuhren wir danach in mein Büro.

»Dieser Mann ist aus einer Klapsmühle ausgebrochen, Maloney.«

»Das heißt heute Krankenhaus für mentale Wehweh-chen, oder so ähnlich«, klärte ich Hugentobler auf

»Egal, Maloney. Der Mann könnte gemeingefährlich sein.«

»Ich bin Sänger und Musiker, ich bin nicht gefährlich«, sagte Fruttiger und hüpfte wie ein Känguru in meinem Büro herum.

»Bei Künstlern weiß man nie«, sagte Hugentobler und behielt Fruttiger im Auge.

»Sind die Straftaten des Herrn Engel junior eigentlich schon verjährt? «

»Was soll diese Frage bedeuten, Maloney? Sie sind es, teilweise wenigstens.«

»Dann sollten wir vielleicht noch ein paar Monate warten.«

»Warten?« Fruttiger schaute mich erschrocken an. »Ich kann nicht mehr warten. Ich brauche das Come-back. Meine Fans sterben mir sonst weg.«

»Die meisten Ihrer Fans sind wahrscheinlich auch in irgendeiner Klinik gelandet«, sagte Hugentobler.

»Vielleicht sollten Sie sich langsam mit dem Gedanken vertraut machen, dass Sie Ihre Identität wiedergefunden haben, Herr Fruttiger. Dafür werden Sie Ihre Mutter ver-lieren.«

»Meine Mutter? Sie meinen Frau Morrison?«

»Nein. Ich meine Frau Engel.«

»Jetzt reicht es aber, Maloney. Sie verwirren nicht nur diesen Mann, Sie verwirren auch mich. Lassen Sie ihm doch die Freude, ein berühmter Musiker zu sein. Da, wo ich ihn hinbringe, stört das niemanden. Vielleicht soll-ten Sie auch mitkommen, Maloney. Einen Verrückten, der glaubt, ein großartiger Privatdetektiv zu sein, neh-men die sicher auch noch auf.«

Er bestand darauf, Fruttiger mitzunehmen. Ich erklärte ihm, dass Fruttiger alias Engel in Polizeigewahrsam besser aufgehoben sei, als in der Klinik, wo man ihn verrückt gemacht hatte. Natürlich verstand der Polizist überhaupt nichts, was ihn aber nicht daran hinderte, laut zu werden. Ich machte mich aus dem Staub und besuchte Frau Engel. Sie war in der schlechtesten Gesellschaft, die ich mir vorstellen konnte.

»Wir machen uns beide Sorgen«, sagte der Doktor. »Große Sorgen. Wegen Fruttiger. Wir befürchten, dass Ihnen nicht klar ist, worum es geht. Die Gesundheit dieses Mannes steht auf dem Spiel.«

»Genau«, schrie Frau Engel. »Was Sie tun, ist verantwortungslos.«

»Apropos Verantwortung. Ihrer Pflegerin geht es wieder besser.«

»Bedauerlich, bedauerlich. Den Unfall meine ich natürlich. Unglaublich, diese Straßenrowdys. Die sollte man alle aus dem Verkehr ziehen.«

»Genauso wie Sie und Frau Engel.«

»Wieso uns?«, wunderte sich Frau Engel. »Wir kümmern uns um kranke Menschen. Aufopferungsvoll.«

»Aber erst, wenn Sie sie krank gemacht haben. Kommen Sie sich nicht ganz erbärmlich vor, wenn Sie sehen, was aus Ihrem Sohn geworden ist, Frau Engel?«

»Er war schon immer . . . Ich sage nichts mehr!«

»Sie ist erregt, das sehen Sie doch«, sagte der Doktor und stellte sich vor Frau Engel. »Ihr Leben wurde geprägt durch Schicksalsschläge.«

»Ich weiß, Mann bumst die Schwester, hebt alles Geld vom gemeinsamen Konto, beide kommen ums Leben, Geld verbrennt im Wagen, Frau Engel ist mausarm, hat nur noch einen Sohn, der durch Gaunereien zu Geld kommt, aber der armen Mutter nichts abgeben will. Da kommt der liebe Onkel Doktor und hat eine gute Idee. Um wie viel Geld ging es denn? Millionen, die Ihr Sohn in seiner Wohnung hortete?«

»Unverschämt, einfach unverschämt«, empörte sich Frau Engel.

»Er spekuliert nur, er hat keine Beweise«, sagte der Herr Doktor.

»Ich habe Ihren Sohn, den Sie durch Medikamente seiner Identität beraubt haben. Er wird bald wieder zu sich kommen und dann fliegt der Schwindel auf.«

»Wir hätten ihn töten sollen, wie ich es gesagt habe«, sagte der Herr Doktor.

»Er ist mein Sohn, trotz allem«, sagte Frau Engel.

»Es war nicht meine Idee. Frau Engel bat mich um Hilfe.«

»Zieh dich nicht aus der Verantwortung. Er hat Gelder unterschlagen in der Klinik. Es wäre früher oder später ans Licht gekommen. Wir hatten beide Geldsorgen. Mein Sohn war ein Taugenichts, ein böser Junge. Er hätte mich verhungern lassen. Ich habe doch gesehen, wie er mjt Geld um sich warf, wie überall in seiner Wohnung bündelweise Geldnoten herumlagen.«

»Wie sind Sie überhaupt auf die Idee gekommen, Maloney, dass Fruttiger Frau Engels Sohn ist?«

»Frau Engel hat kiloweise teures Konfekt gekauft. Ein bisschen viel für eine arme Frau. Da begann ich nachzuforschen.«

»Ich sagte dir doch, du darfst das Geld nicht anrühren. Nicht solange dein Sohn nicht offiziell für tot erklärt wird.«

»Aber das hätte noch Jahre gedauert.«

Ihr Sohn entdeckte schon nach wenigen Wochen seine

wahre Identität. Die Pflegerin fürchtete um seine Liebe, doch sie blieb auch, als ihr Angebeteter Felix Engel hieß und wegen verschiedenster Delikte eine einjährige Gefängnisstrafe aufgebrummt bekam. Seine Mutter und der dreifache Doktor saßen etwas länger. So geht das.

Der Mann im Hotel

Als der Mann mich anrief, döste ich unter meinem Schreibtisch und dachte an den nächsten Sommer. Es waren sonnige und warme Gedanken, genau das Richtige für die Zeit tief liegender Nebeldecken. Mein neuer Klient lebte in einem Hotel. Es hatte drei Sterne und keinen besonders guten Ruf. Ich ging dennoch hin. Die Hotelbar war ruhig und mein Klient ratlos.

»Ich würde Ihnen gerne sagen, wer ich bin, aber das geht leider nicht.«

»Ach, hören Sie doch auf mit dem Agentenmumpitz, das will heute niemand mehr sehen. James Bond ist eine Antiquität, ich hingegen kann Ihr Geld gut gebrauchen.«

»Geld spielt keine Rolle. Finden Sie heraus, wer ich bin.«

»Auch das noch. Vermutlich sind Sie ein Mann in der dritten Midlife-crisis und träumen davon, dass eine zwanzigjährige Schönheit mit Ihnen Rumba tanzt.«

»Das kann schon sein, ich erinnere mich allerdings nicht mehr daran, das ich gerne getanzt habe.«

»Wovon reden Sie? Von Ihrem früheren Leben?

»Ich mache Ihnen einen Vorschlag: Ich gebe ihnen drei Tausender und dann sagen Sie mir, ob Sie mich mögen.«

»Das kann ich Ihnen jetzt schon sagen. Ich mag Sie nicht, aber die drei Tausender sind ein gutes Argument, um noch eine Weile hier zu bleiben.«

»Darauf trinken wir einen. Ich weiß zwar nicht, was ich früher gerne getrunken habe, aber jetzt ist mir nach einem Bourbon.«

Der Mann wurde mir ein wenig sympathischer. Er bestellte uns zwei Whiskys und schob mir routiniert ein Bündel Banknoten zu. Die Frau hinter der Bartheke lächelte gierig, wie von selbst sprang ein Knopf ihrer Bluse auf, und wie von selbst färbten sich ihre Lippen röter als ein Sonnenuntergang. Mein Klient reagierte nicht auf das Angebot und prostete mir zu. Als unsere Gläser leer waren, füllte er die Bar mit Konversation.

»Vor zwei Tagen erwachte ich in einem Park, ganz in der Nähe. Ich lag auf einer Bank, neben mir lag eine Tasche voll Geld. Ich fühlte mich elend und verlassen.«

»Das übliche Pennerschicksal. Ungewöhnlich ist nur die Tasche voller Geld.«

»Genau. Aber nicht nur das. Ungewöhnlich ist auch, dass ich mich nicht daran erinnern kann, wer ich bin, wie ich heiße, wo ich wohne und der ganze verdammte Rest. Mein ganzes Leben ist mir rätselhaft.«

»Das passiert mir manchmal nach einer durchzechten Nacht.«

»Mir ist das noch nie passiert. Soweit ich mich erinnern kann, aber das ist es ja, ich erinnere mich an nichts. Gestern und Vorgestern sind mir präsent, zwei Tage, mehr nicht. Der Rest ist Leere.«

»Weshalb gehen Sie nicht zur Polizei? Vielleicht vermisst Sie jemand.«

»Und wenn mich die Polizei vermisst?«

»Verstehe. Die Tasche voll Geld könnte von einem Raubüberfall stammen. Vielleicht haben Sie vor lauter Glück den Verstand verloren? In Illustrierten liest man manchmal, dass Geld nicht glücklich macht.«

»Ich weiß es nicht. Das Geld könnte mir gehören, ich könnte es aber auch geklaut haben. Sie sollen das herausfinden. Ich möchte wieder eine Vergangenheit haben, egal was für eine. Ich bin auf alles gefasst.«

»Unter welchem Namen haben Sie sich im Hotel eingetragen?«

»Marc Rosset.«

»Und das haben die Leute hier akzeptiert?«

»Es ging ganz gut. Ich glaube, in diesem Hotel legt man keinen großen Wert darauf, die Gäste genauer zu kennen. Vermutlich hätten sie mir auch ein Zimmer gegeben, wenn ich mich als Martina Hingis eingetragen hätte.«

Ich riet meinem neuen Klienten, sich möglichst unauffällig zu verhalten und die Zeit auf seinem Zimmer zu verbringen, bis ich erste Anhaltspunkte über seine Identität in Erfahrung gebracht hatte. Da der Mensch von Natur aus träge ist, versuchte ich es zuerst an der Rezeption.

»Hundert Franken sind nicht sehr viel.«

»Wie bitte? Mit einem Hunderter kann ich mir eine nettere Dame ausleihen, wenn es sein muss.«

»Ich nehme nicht an, dass Sie mich ausleihen möchten. Informationen sind teurer als nackte Körper. Wir leben schließlich im Informationszeitalter. «

»Mich interessiert Marc Rosset.«

»Interessanter Mann. Sein Aufschlag imponiert mir. Leider stehe ich nicht sehr auf große, schlaksige Männer.«

»Ich dachte mehr an den Marc Rosset hier im Hotel.«

»Das ist auch nicht mein Typ. Seit vierzig Jahren arbeite ich jetzt schon hier und mein Traummann ist immer noch nicht aufgetaucht. Meine Schwester lebt in

Wien, sie hat ihren Traummann vor dreißig Jahren kennen gelernt, seit 28 Jahren ist sie wieder allein. Sie ist bei mir zu Besuch.«

»Sie schweifen ab. Erzählen Sie mir etwas über Marc Rosset, Variante Mittelklassehotel.«

»Bei der heutigen Flaute in der Hotellerie nehme ich jeden Gast. Sogar Ihnen würde ich ein Zimmer vermieten.«

»Ist Ihnen an Rosset etwas aufgefallen?«

»Er sah aus, als käme er gerade aus einem Bürgerkrieg zurück. Seine Kleidung war voller Ruß und Blut. Sein Gesicht verletzt, auch an einem Arm hatte er etwas. Aber er hat im Voraus für eine Woche bezahlt.«

»Ist Ihnen in den letzten Tagen sonst noch etwas aufgefallen?«

»Die Frau da drüben. Sehen Sie sie? Die sitzt seit Tagen in der Hotelhalle herum und starrt alle Männer an. Auch diesen Marc Rosset. Das ist nicht gut. Sie vertreibt mir die Gäste.«

Ich näherte mich der Frau. Sie tat so, als würde sie Zeitung lesen, hatte aber ein faustdickes Loch in die Zeitung gemacht. Es sah aus wie in einer peinlichen Krimikomödie. Sie wurde nervös, als ich mich neben sie setzte.

»Bitte nicht. Ich kriege Durchfall, wenn ein Mann mir zu schnell zu nahe kommt. Ich bin eher ein romantischer Typ.«

»So sehen Sie auch aus. Bei Kerzenlicht denken Sie ans Kinderkriegen und bei Sonnenaufgang an die Alimente. Und dazwischen brennt das Bett lichterloh.«

»Nein, nein, bei mir geht alles nur mit Gefühl. Ich kann nicht mit Männern schlafen, die ich nicht liebe.«

»Und deshalb sitzen Sie hier herum und starren Löcher in Zeitungen?«

»Das gehört zu meinem Beruf. Ich bin Privatdetektivin.«

»Da errötet der Berufsverband aber gewaltig.«

»Also, ehrlich gesagt habe ich erst einen Kurs besucht und bin jetzt am Üben. Ich beobachte Menschen, ich möchte herausfinden, was sie umtreibt. Sie zum Beispiel sehen aus wie ein Ehebrecher. Aber keine Angst, ich verurteile das nicht. Ach, bitte, geben Sie mir Recht.«

»Und wie sieht in Ihren Augen der Mann aus, mit dem ich vorhin an der Hotelbar saß?«

»Gefährlich. Sieht aus wie ein Mörder. Dem würde ich nicht trauen. Irgendwie erinnert er mich an ein Fahndungsfoto, das ich kürzlich gesehen habe. Es muss in der Zeitung gewesen sein.«

Genau so etwas hatte mir noch gefehlt. Wenn das Geld, mit dem Marc Rosset mich bezahlt hatte, aus einem Banküberfall stammte, konnte der Fall damit enden, dass ich die sauer verdienten Tausender der Staatskasse abliefern musste. Es war zum Losheulen. Das tat ich dann auch. Meine Berufskollegin suchte entsetzt das Weite.

Ich ging in ein Zeitungsarchiv und blätterte stundenlang in unendlich langweiligen bedruckten Papieren herum, stieß auf Fotos von Wasserleichen, Phantombilder von Bankräubern und Porträts von flüchtigen Kriminellen, doch keines der Gesichter passte zu meinem Klienten. Die Detektivin saß wieder in der Hotellobby, als ich ihr wütend von meiner Exkursion berichtete.

»Dann muss ich mich getäuscht haben. Ich sehe so viele Gesichter täglich. Tut mir Leid.«

»Ist das alles, was Sie mir zu berichten haben?«

»Wenn Sie mich nachher in Ruhe lassen, sage ich Ihnen, dass der Mann einen Dachschaden hat, und weshalb ich darauf gekommen bin.«

»Vermutlich stellt sich das auch wieder als Irrtum heraus.«

»Der Mann hat vor zwei Tagen versucht, ein Billett für den Bus zu lösen, doch er stand nur ratlos vor dem Billettautomaten, und dann sah ich, wie er Tränen bekam. Du meine Güte, wer bekommt schon Tränen, wenn ihm das Kleingeld ausgeht?«

»Wo stand der Billettautomat?«

»Nächste Querstraße links, dann alles geradeaus, direkt gegenüber dieser Galerie, wo gerade Picasso gezeigt wird. Ich mache mir nicht viel aus Kunst, aber interessant ist es schon, wie dieser Glatzkopf die Frauen reihenweise dazu brachte, sich auszuziehen.«

Es dauerte eine Stunde, bis ich den Automaten fand. Ein etwas schwerfälliger Herr versuchte gerade, einer etwas schwerfälligen Dame zu erklären, mit welcher Taste man zu welchem Papierstück gelangte.

»Das ist ganz einfach«, sagte Hugentobler. »Wenn Sie in die rote Zone fahren wollen, müssen Sie die Nummer 8712 drücken. Nein, Moment mal, es genügt, wenn Sie die rote Taste drücken, 7 Franken 50. Nein, das ist zu teuer. Ach hier, grüne Zone und Altersrabatt, sind Sie vielleicht auch noch schwerhörig oder gehbehindert? Dann müsste man noch eine Taste drücken.«

»Ich bin gesund«, sagte die Dame in einwandfreiem Wiener Dialekt. »In Wien ist das viel einfacher mit den Automaten. Aber da fahre ich auch nie mit der U-Bahn, wegen der Polizei.«

»Sie meinen wegen der Verbrechen in der U-Bahn?«

»Nein, nein. Wegen der Polizisten in der U-Bahn. Vor fünf Jahren wurde ich einmal verhaftet, weil ich laut geschrien habe, als einer seine Waffe zückte. Ich hasse Schusswaffen und ich mag keine Polizisten.«

»Wenn das so ist, sollten Sie alle Tasten auf einmal drücken. Das kostet 475 Franken.«

»So viel für eine Fahrt nach Grünwil?«

»Normalerweise wird Beamtenbeleidigung um einiges höher bestraft.«

»Genau«, mischte ich mich ein. »Ein Nachtessen mit einem Dienst habenden Beamten. Dagegen ist sogar lebenslänglich ein Klacks.«

»Jetzt reicht es aber. Mischen Sie sich nicht ein, Maloney. Diese Dame möchte nach Grünwil. Eine dieser Touristinnen, zu dämlich um einen Automaten zu bedienen, aber für eine Beamtenbeleidigung reicht es allemal.«

»Ich bin keine Touristin, ich bin von hier, aber ausgewandert. In Wien fahre ich nur mit dem Auto, da brauche ich keine Automatenkenntnisse. Aber hier sind die Taxis so teuer, dass ich meine ganze Rente auf dem Rücksitz verfahren würde.«

»Sie bringen mich auf eine Idee.«

»Was denn, Maloney? Möchten Sie mit der Dame Taxi fahren? Oder mit ihr zusammen einen Kurs in der Volkshochschule belegen: Wie werfe ich mein Geld richtig in einen Automaten?«

»Jetzt reicht es mir«, sagte die Dame. »Ich fahre schwarz.«

»Sie sind verhaftet«, sagte Hugentobler.

»Wie bitte?«, fragte die Dame.

»Schwarzfahren ist kein Kavaliersdelikt.«

»Aber ich fahre ja gar nicht. Ich stehe hier nur herum.«

»Schwarzstehen ist auch kein Kavaliersdelikt.«

Die Dame rannte schreiend weg, ich drehte mich leise um und ging zurück ins Hotel. Die Detektivin saß immer noch tatenlos herum. Ich steckte ihr einen Hunderter zu. Sie nickte begeistert und folgte mir.

»Endlich ein richtiger Auftrag. Wonach suchen wir eigentlich?«

»Nach einem Wagen, der seit drei Tagen im Parkverbot steht.«

»Wieso im Parkverbot?«

»Vielleicht auch nicht im Parkverbot, aber es steckt garantiert ein Bussenzettel unter dem Scheibenwischer.«

»Und wem gehört der Wagen?«

»Meinem Klienten.«

»Ach, ich möchte auch einmal einen Klienten haben. Das muss schön sein.«

»Ich kann mir Schöneres vorstellen.«

»Hat Ihr Klient vergessen, wo er seinen Wagen parkiert hat? Ich wusste gar nicht, dass Leute mit solchen Problemen zu Schnüfflern gehen.«

»Mein Klient hat sein Gedächtnis verloren. Er weiß nicht einmal, dass er einen Wagen hatte. Sie haben aber gesehen, wie er ratlos vor einem Billettautomaten stand. Also hat er vermutlich nie öffentliche Verkehrsmittel benutzt.«

»Toll, wie Sie das machen. Wie dieser Sherlock Holmes. Ich bin mehr der intuitive Typ. Ich werde meine Fälle mit Gefühl lösen.«

Ich riet ihr, möglichst bald einen Berufsberater aufzusuchen. Wir stapften durch den dichten Verkehr, sahen uns viele parkierte Autos an und wurden nach zwei Stunden fündig. Die Polizei war gerade dabei, den Wagen abzuschleppen. Ich notierte mir die Nummer und kurz darauf hatte ich Adresse und Telefonnummer meines Klienten. Ich zog es vor, persönlich vorbeizuschauen. Eine jüngere Frau empfing mich, ganz in Schwarz.

»Mein Vater? Nein, der lebt schon lange nicht mehr.«

»Tragen Sie deshalb Schwarz?«

»Nein. Das ist wegen meines Mannes. Er ist vor ein paar Tagen bei einem Unfall gestorben.«

»Wie sah Ihr Mann aus?«

»Geschrumpft. Sein Büro explodierte und brannte völlig aus.«

»Und wie sah er vorher aus?«

»Weshalb fragen Sie? Wer sind Sie?«

»Maloney, Privatdetektiv.«

»Von der Versicherung?«

»Wie sah Ihr Mann aus, als er Sie noch glücklich machte?«

»Ich habe ihn geliebt. Obwohl er dreißig Jahre älter war als ich. Und obwohl er fast nie zu Hause war. Und obwohl er fast nie mit mir gesprochen hat. Und obwohl er keine Kinder wollte. Und obwohl mir alle sagten, ich sei nicht ganz bei Trost. Ich habe ihn geliebt.«

»Dann war Ihr Mann über fünfzig?«

»Ja. Groß gewachsen, ein wenig rundlich, dunkel gefärbte Haare und starker Bartwuchs. Meinem Mann gehörte die Möbelfirma Möbius. Hat er eine Lebensversicherung für mich abgeschlossen? Ich habe keine Police gefunden.«

Sie ließ mich ins Haus und zeigte mir ein Foto ihres verstorbenen Mannes. Ich sah die schlechten Zähne meines Klienten, er lächelte erfolgreich und dynamisch. Also doch kein Bankräuber, dachte ich, nur ein toter Möbelfabrikant. Das konnte ja heiter werden.

Bei der Polizei suchte man eine Stunde lang nach der Akte Möbius. Man fand während der Suche drei tote Mäuse, zwei Lottozettel und die Reste einer Mahlzeit, die fein säuberlich in einem Aktenschrank verstaut worden waren. Die Pizza war sogar unter P abgelegt, aber eine faule Tomate fand man unter F, was für einiges Kopfzerbrechen sorgte.

»Es hat alles seine Ordnung, Maloney. Vermutlich gehören die Speisereste zu einem Mordfall und sind Beweise, die wir später in der Gerichtsverhandlung benötigen. Der Mageninhalt ist wichtig, Maloney.«

»Ich habe schon immer gewusst, dass Ihr Beruf unappetitlich ist. Das Polizeipräsidium, ein beschaulicher Ort, wo Verbrecher sich ergeben und Zeugen sich übergeben.«

»Möbius, sagten Sie? Das war doch diese Bratwurst, oder? Üble Sache, Maloney. Genau, hier haben wir es. Büro ausgebrannt, Leiche verkohlt, auf einem Gaskocher in einer kleinen Pfanne fand man Spuren einer gebratenen Wurst. Der Mann hatte Hunger und war nicht vorsichtig. Zuerst die Wurst und dann der Mann, alles verkohlt, Maloney.«

»War es ein Unfall? Oder wollte er sich mit der Bratwurst das Leben nehmen?«

»Es hat niemand eine Explosion gehört, aber es muss eine Explosion gegeben haben. Das Büro war völlig zerstört.«

»Und die Leiche wurde einwandfrei identifiziert?«

»Was heißt schon einwandfrei, Maloney? Es war das Büro von diesem Möbius, seine Frau sagte, dass er im Büro war, als der Brand ausbrach, also muss es Möbius gewesen sein, der gebraten wurde.«

»Wie viel Geld hat Möbius hinterlassen?«

»Schulden, Maloney. Nichts als Schulden. Seine Fabrik stand kurz vor dem Konkurs. Möbius suchte einen Teilhaber, fand aber niemanden, der das marode Unternehmen retten wollte. Wenn Sie mich fragen, wollte der Mann die ganze Fabrik in die Luft jagen und die Versicherungssumme kassieren. Dabei muss etwas schief gelaufen sein.«

Er kratzte sich am Kopf und bohrte anschließend in beiden Ohren. Als er auch noch begann, seine Nase zu schnäuzen, suchte ich das Weite. Unterwegs aß ich eine Bratwurst und dachte an die Leiche im Büro. Ich besuchte Frau Möbius und machte mit ihr einen Ausflug in ein Hotel.

»He, was soll das? Ich bin eine trauernde Witwe und kein Freiwild, ich suche keinen Mann, ich brauche kein Abenteuer, schon gar nicht mit Ihnen.«

»Ich dachte, Sie stehen auf reifere Herren.«

»Mein Mann war in jeder Beziehung außergewöhnlich. Sie aber sind Durchschnitt. Ich möchte gehen.«

»Sie bleiben und kommen mit. Ihr Mann lebt, Frau Möbius, hier im Hotel.«

»Das ist ein fieser Trick, um mich weich zu kriegen. Sie sind herzlos. Ich habe meinen Mann geliebt, so wie ich nie einen Menschen geliebt habe. Ich weiß, dass ich ihm nicht viel bedeutet habe. Er dachte immer nur an seine Fabrik.«

»Und die stand kurz vor dem Konkurs. Höchste Zeit für einen eleganten Abgang.«

»Er hat sich nicht umgebracht.«

»Da gebe ich Ihnen recht. Aber wer war die Leiche im Büro?«

»Was für eine Leiche?«

»Wenn Ihr Mann noch lebt, dann ist ein anderer in den Flammen umgekommen.«

»Mein Mann lebt nicht mehr. Er hätte sich bei mir gemeldet. Ich möchte jetzt gehen. Ich muss noch einkaufen. Ich brauche das. Einkaufen ist besser als trauern. Meine Kreditkarte hat mir schon über manche Krise hinweggeholfen.«

»Ich dachte, Ihr Mann sei pleite gewesen?«

»Solange die Kreditkarte gültig ist, nütze ich das auch aus. Es kann mir niemand verbieten, durch die Bahnhofstraße zu gehen und zu trauern.«

Ich packte sie am Ärmel, was Schreie und Fußtritte zur Folge hatte. Sie traf mich am Schienbein. Es tat höllisch weh. Es gelang mir jedoch, Frau Möbius in Schach zu halten. Gemeinsam erklommen wir die Stufen bis zum Zimmer, wo mein Klient und die Tasche voller Geld warteten. Frau Möbius konnte ihr Glück nicht fassen.

»Brummbär, du lebst! Ein Wunder.«

»Was soll das? Schaffen Sie mir die Frau vom Hals. Ich habe Ihnen nicht den Auftrag gegeben, eine von der Straße zu holen, ich brauche das nicht, verstehen Sie?«

»Aber Brummbär, ich bin deine Frau, erkennst du mich nicht?«

»Meine Frau? Maloney, was soll das? Ich kenne die Frau nicht.«

»Abwarten«, sagte ich. »Irgendwann macht es Klick und alles ist wieder da. Genießen Sie das Wiedersehen, Sie werden sich schon bald im Gefängnis nach solchen Momenten sehnen.«

»Wieso im Gefängnis? Hat mein Brummbär etwas angestellt?«

»Das Geld! Verdammt, ich habe es gewusst. Ich habe eine Bank überfallen, stimmt's, Maloney?«

»Nein. Sie haben einen Mann ermordet. Vielleicht wollte er bei Ihrer Firma einsteigen, Ihnen Geld geben, vielleicht haben Sie ihn bestohlen. Auf alle Fälle haben Sie ihn in die Luft gesprengt. Sie sind mit der Tasche voll

Geld abgehauen. Sie heißen Möbius und sind ein erfolgloser Möbelfabrikant.«

»Möbel? Aber ich kann mich an nichts erinnern. An kein Sofa, keinen Stuhl, nichts. Auch diese Frau ist mir fremd wie eine fremde Wohnung.«

»Aber Brummbär, wir gehören zusammen. Du hast es für mich getan. Du wolltest nicht ohne mich abhauen, komm, sag es, Brummbär. Du wolltest mit mir zusammen auf die Bahamas, ein neues Leben beginnen. Ich habe dir Carlos Adresse gegeben.«

»Was für ein Carlo?«, fragte ich.

»Carlo handelt mit Drogen«, sagte Frau Möbius. »Er wollte Geld waschen lassen. Millionen. Du hast dich mit Carlo getroffen, Brummbär.«

»Und ihn ermordet.«

»Ich erinnere mich an nichts. Alles ist ausgelöscht. Muss ich ins Gefängnis für eine Tat, an die ich mich nicht erinnern kann? Das ist doch unsinnig, wie soll ich Reue zeigen für etwas, an das ich mich nicht erinnern kann?«

»Ich werde dir helfen, Brummbär. Komm, schlaf mit mir, danach wirst du dich wieder erinnern.«

»Ich muss doch sehr bitten, offiziell ist Ihr Mann tot, Sie möchten doch nicht wegen Nekrophilie belangt werden?«

»Warum nicht? Ich wollte schon immer mal etwas richtig Perverses machen.«

»Schaffen Sie sie weg, Maloney. Sie ist schamlos. Ein Flittchen.«

Frau Möbius trat auf ihn zu und haute ihm eine runter. Mein Klient schrie vor Schmerz auf.

»Sag, dass du mich liebst, Brummbär.«

»Jetzt erinnere ich mich wieder.«

»Dann können wir diesen Fall endlich abschließen.«

»Lassen Sie uns alleine. Gib ihm Geld, Brummbär. Du siehst doch, dass er bestechlich ist.«

»Wo sie Recht hat, hat sie Recht.«

»Also gut. Hier sind fünfzig Franken. Verschwinden Sie.«

»Oh, er ist wieder der alte Brummbär. Geizig und uncharmant. Ich liebe dich.«

»Dann beeilen Sie sich aber. In genau zehn Minuten wird Brummbär verhaftet. Geizkragen mag ich nicht.«

»Soll ich ihn erschießen?«

»Soll ich dir dabei helfen, Brummbär?«

Ehe mich die beiden ins Jenseits befördern konnten, knallte ich meinem Klienten eine linke Gerade in den Magen. Frau Möbius schrie laut auf und trat mich erneut ins Schienbein. Ich tanzte im Zimmer herum und brach in indianisches Kriegsgeheul aus. Das reichte. Die beiden gingen in die Knie und baten mich, mit dem Gesang aufzuhören. Als die Polizei eintraf, saßen sie friedlich nebeneinander auf dem Bett. So geht das.

Der schöne Fuß

In meinem Büro türmten sich Kisten voller Bücher, die mir ein Nachbar vermacht hatte, bevor er in die Südsee ausgewandert war. Neben einigen Kochbüchern und Bastelanleitungen für seltsame Hüte fand ich darin auch Kriminalromane, in denen einsame Helden durch regennasse Straßen gingen und ihr Leben für die Unschuld einer langbeinigen Schönheit hergaben. Ich hatte keine Lust, mein Leben hinzugeben, und begnügte mich weiterhin damit, ein paar Stunden für hübsche Klientinnen und weniger hübsche Morde zu opfern.

»Es geht um meinen Vater. Die Polizei verdächtigt ihn, jemanden ermordet zu haben.«

»Klingt übel. Sitzt er schon hinter Gittern oder versteckt sich Ihr Vater unter Ihrem Sofa?«

»Weder noch. Er ist zu Hause. Die Polizei hat keinerlei Beweise für seine Schuld. Wenn dieser Fuß nicht wäre, könnte man ihm nichts anhängen.«

»Was denn für ein Fuß? Hat er bei der Leiche einen seiner Füße vergessen?«

»An allem ist nur diese Katze schuld.«

»Das wird ja immer tierischer. Was hat die Katze mit dem Fuß Ihres Vaters zu tun?«

»Die Katze wollte den Fuß essen.«

»Ich hatte schon immer den Verdacht, dass diese

Büchsennahrung nichts taugt. Katzen würden Füße kaufen.«

»Sie bringen alles durcheinander.«

»Also gut, schön der Reihe nach. Was war zuerst? Der Fuß oder die Katze?«

»Zuerst war mein Vater. Er hat einen Müllsack nach draußen gestellt. Die Katze hat diesen Sack aufgekratzt und so ist der Fuß ans Licht gekommen. Er war in dem Abfallsack. Jemand muss ihn da reingetan haben.«

»Das ist anzunehmen. Andererseits könnte der Fuß auch selber in den Abfallsack spaziert sein.«

»Der Fuß gehört zu einer Leiche. Und die Polizei vermutet, dass mein Vater der Mörder ist.«

»Und was sagt Ihr Vater dazu?«

»Was soll er schon dazu sagen? Er streitet natürlich alles ab. Mein Vater bringt niemanden um.«

»Was spricht sonst noch gegen ihn, außer der Tatsache, dass der Fuß im Abfallsack Ihres Vaters lag?«

»Mein Vater sammelt Füße.«

»Tatsächlich? Da müssen Sie eine interessante Kindheit verbracht haben, inmitten von Füßen.«

»Er sammelt keine richtigen Füße, sondern nur Fotos von Füßen. Das hat er schon immer gemacht. Aber deswegen bringt er niemanden um.«

»Vielleicht hat er auch niemanden umgebracht, sondern nur jemandem den Fuß abgehackt?«

»Das ist doch Blödsinn. Gut, vielleicht hat er den Fuß irgendwo ausgegraben.«

»Irgendwo?«

»Auf einem Friedhof, wo denn sonst. Haben Sie noch nie etwas gemacht, was Sie nachher bereut haben?«

»Ich nehme manchmal Fälle an, die ich besser in eine Klinik überwiesen hätte.«

»Ich bin gesund, geistig, körperlich und überhaupt. Mein Vater übrigens auch. Er ist nur etwas eigen, mehr nicht. Ich möchte, dass Sie nach dem rechtmäßigen Besitzer des Fußes suchen. Und wenn dieser Besitzer tot ist, möchte ich, dass Sie nach dem Mörder suchen und meinen Vater entlasten.«

Ich atmete tief durch und ließ mir von der jungen Frau ein paar junge Banknoten geben. Sie waren ungefaltet und sahen mindestens genauso hübsch aus wie meine neue Klientin. Wenig später stand ich einem Mann gegenüber, der mehr Schuppen als Gehirnzellen oberhalb seines Halses hatte.

»Dieser Herr Tauber ist ein Fetischist, Maloney. Diese Leute gehen immer weiter. Zuerst ist es nur ein Schuh, dann der Fuß und am Ende bringen sie den Rest auch noch um. Sie sind besessen vom Gedanken, alle Füße dieser Welt zu besitzen. Niemand ist vor ihnen sicher. Solche Männer laufen eines Tages Amok.«

»Und erschießen alle Sandalen und Halbschuhe, ich weiß. Soviel ich gehört habe, fotografiert Herr Tauber gerne Füße, andere fotografieren gerne Sonnenuntergänge. Was ist daran so schlimm?«

»Ganz einfach, Maloney. Niemand bringt jemanden für einen Sonnenuntergang um. Das ist eine sexuelle Perversion.«

»Und weshalb sollte er den Fuß wegschmeißen, wenn er ihn begehrt?«

»Das ist auf den ersten Blick paradox. Aber Verrückte haben ihre eigene Logik. Vielleicht gefiel ihm der Fuß nicht mehr? Vielleicht war es der falsche Fuß? Wer weiß, Maloney, vielleicht ist das ein Linksfußfetischist. Wir werden auch noch den Rest der Leiche finden. Und wenn ich höchstpersönlich danach suchen muss. Mit meinen eigenen Händen, Maloney, ja sogar mit meinen bloßen Füßen. Besessene, Maloney, muss man mit Besessenheit verfolgen.«

Ich nickte artig und besuchte den Vater meiner Klientin. Er war ein kleiner Mann, der in einer kleinen Wohnung lebte, die genauso überfüllt war wie sein runder Bauch. Wo man auch hinsah, hingen in der Wohnung Fotos von Füßen. Kleine, große, dicke, dünne, platte, hässliche und hübsche. Herr Tauber lächelte verlegen, als ich kopfschüttelnd auf seine Sammlung zeigte.

»Sie müssen das verstehen. Ich bin seit vierzig Jahren auf der Suche nach dem perfekten Fuß. Das ist meine Lebensaufgabe. Es gibt so viele Füße, die ich noch nicht gesehen habe. Sie haben doch nichts dagegen, wenn ich Ihnen die Schuhe ausziehe?«

»Hände weg. An meine Füße lasse ich nur Schweiß und Socken.«

»Unter uns gesagt reizen mich in erster Linie weibliche Füße. Diese Grazie, diese Anmut, der perfekte Fuß muss weiblich sein.«

»Sie wissen, dass die Polizei Sie für einen verrückten Mörder hält?«

»Ach, die Polizei. Die versteht überhaupt nichts. Ich bringe niemanden um. Hat meine Tochter Sie beauftragt, nach mir zu sehen? Sie kümmert sich rührend um mich.«

»Ihre Tochter befürchtet, dass Sie demnächst hinter Gittern landen, wenn Sie so weitermachen.«

»Ach, meine Tochter steckt in einer Krise. Wußten Sie, dass sie ein Doppelleben führt? Sie ist Stripteasetänzerin in einem Nachtlokal. Seit ein paar Monaten arbeitet sie aber tagsüber als Kindergärtnerin. Das ist unglaublich, so etwas Bürgerliches, so etwas Langweiliges, sie hat es mir wochenlang verheimlicht, mir, ihrem Vater. Arbeitet heimlich als Kindergärtnerin. Das darf doch nicht wahr sein.«

»Eine richtig nette Familie.«

»Von mir hat sie das nicht. Ich war stolz darauf, dass sie in dem Nachtclub arbeitet. Ihre Mutter war auch so. Ich habe mich in ihren Fuß verliebt, damals, als sie nackt auf einem Tisch tanzte in einer Bar in München.«

Er erzählte mir von ein paar anderen Füßen, denen er in seinem Leben begegnet war. Ich hörte ihm gelangweilt zu und ging dann nach unten in den Hof, wo der Müllsack mit dem Fuß gefunden worden war. Ein Mann hielt mir einen Zettel und einen Kugelschreiber unter die Nase.

»Hier, unterschreiben Sie. Wir müssen endlich etwas gegen ihn unternehmen. Seit Jahren weiß jeder in der Nachbarschaft, was bei diesem Tauber vor sich geht. Aber jetzt treibt er es zu bunt. Er überredet arbeitslose, mittellose Menschen, ihm einen Fuß zu spenden.«

»Eine ganz neue Form von Organhandel.«

»Genau. Kriminell ist das. Und wissen Sie was? Es gibt sogar Gerüchte, dass er die Füße nicht nur betrachtet, nein, er isst sie auch.«

»Gekocht oder gebraten?«

»Das ist ein Tier. Der gehört in eine Klinik. Los, unterschreiben Sie. Sie können auch gleich noch den zweiten Zettel unterschreiben.«

»Was denn? Gibt es noch einen Kannibalen in der Nachbarschaft?«

»Nein. Aber wir sammeln auch Unterschriften, damit der Zufahrtsweg zum Innenhof endlich neu gepflastert wird. Das ist ein Skandal, diese Schlaglöcher.«

Er zeigte auf ein paar üble Stellen im Asphalt. Ich spazierte im Innenhof herum und schaute mich in den Mülltonnen der Nachbarschaft um. Eine ältere Frau grunzte mir von einem Balkon zu, ehe sie mir stinkendes Wasser auf den Kopf kippte. Frisch geduscht ging ich in eine Bar und kippte fluchend einen doppelten Whisky hinunter.

Mein Schädel brummte, als ich am nächsten Morgen erwachte und grelle Sonnenstrahlen direkt auf meinen Schreibtisch schienen. Ich schaute mir im Fernsehen an, wie ein dicker Koch einer schlanken Schauspielerin erklärte, mit welchen Gerichten er es geschafft hatte, dick und berühmt zu werden. Die Schauspielerin nickte eifrig und schaute zwischendurch immer wieder verzweifelt in die Kulissen, offenbar wartete sie darauf, dass ihr jemand den Text schrieb, mit dem sie diese schwierige Situation in ihrem Leben meistern konnte. In meinem Büro erschien eine Frau, die ihren Text gut gelernt hatte.

»Eine Freundin von mir ist spurlos verschwunden.«

»Spuren hinterlassen alle. Man muss nur wissen, wonach man suchen muss.«

»Ich weiß es. Aber die Polizei glaubt mir nicht. Sonst hätten sie diesen Tauber schon längst verhaftet. Ich habe gesehen, wie er mit meiner Freundin gesprochen hat. Ich wohne im Haus gegenüber. Tauber war mir immer unheimlich. Ich habe gehört, dass Sie nach Beweisen für seine Schuld suchen.«

»Irren ist menschlich, manchmal sogar weiblich. Ich suche im Gegenteil Beweise für seine Unschuld.«

»Die werden Sie nicht finden. Tauber hat meine Freundin umgebracht. Es stand in der Zeitung.«

»Tatsächlich? In den Voodoo-Nachrichten?«

»Es stand in der Zeitung, dass die Polizei einen Fuß gefunden hat.«

»Und Sie haben diesen Fuß identifiziert?«

»Ich? Nein. So etwas mache ich nicht. So etwas ertrage ich nicht. Ich weiß nur, dass meine Freundin wunderbare Füße hat, gehabt hat. Und dieser Tauber, der steht doch auf Füße, oder? Ich zähle eins und eins zusammen.«

»Auch diese Rechnung ist für viele schon zu kompliziert.«

»Die Polizei kümmert sich nicht um das Verschwinden meiner Freundin. Weil sie illegal hier war. Unternehmen Sie etwas. Wenn es so weitergeht, ist niemand mehr sicher vor diesem Tauber.«

»So ist es wohl. Ich empfehle Ihnen, festes Schuhwerk zu kaufen und nachts Ihre Füße gut zu bewachen. Sonst kommt er durchs Fenster mit dem Hackebeil.«

»Das ist nicht lustig. Über Mord sollte man sich nicht lustig machen. Es wird überhaupt viel zu viel gelacht auf dieser Welt. Diese Komiker sind daran schuld, dass heute nichts mehr ernst genommen wird.«

Ich lächelte und wartete, bis die Frau mein Büro verließ. Wenig später stand ich einem ganz besonderen Komiker gegenüber. Er versuchte gerade wieder, einen seiner unnachahmlichen Witze zu erzählen.

»Also, Maloney. Ein Waschlappen sitzt in der Badewanne, da kommt eine Packung Zigaretten herein und fragt, wo ist die Mutter. Da sagt der Waschlappen, ach, die ist nur mal schnell runter, ein Kind kaufen. Nein, irgendwie stimmt jetzt die Pointe nicht, aber ich habe mir alles genau aufgeschrieben, ach so, jetzt ist es klar, das Kind ist in der Badewanne, die Mutter kommt rein, fragt das Kind, wo ist der Waschlappen, sagt die Mutter, ach der ist schnell runter, Zigaretten kaufen.«

»Toller Witz. Hören Sie, wie es ächzt und stöhnt? Das ist die ganze Nation, die sich vor Lachen krümmt.«

»Humor ist nicht jedermanns Sache, Maloney. Hunde haben beispielsweise auch keinen Humor. Delphine hingegen lachen ständig. Das liegt am Gehirn, Maloney.«

»Ihr Gehirn ist ein Witz, das ist stadtbekannt. Was ist mit der verschwundenen Frau aus Südamerika?«

»War Frau Giger bei Ihnen? Diese angebliche Freundin ohne Papiere und ohne Einreisegenehmigung existiert vielleicht gar nicht.

Andererseits liegt bei uns noch immer dieser Fuß herum, gehört zu einer Frau, hat sich aber noch niemand gemeldet. Langsam, aber sicher müssen wir davon ausgehen, dass nicht nur der Fuß, sondern auch der Rest dieser Frau tot ist. Fragt sich nur wo, Maloney.«

Meine Klientin wusste darauf keine Antwort. Sie saß im Kindergarten und beantwortete meine Fragen, während die Kinder sich gegenseitig beinahe massakrierten, weil eines einen Luftballon zertreten hatte.

»Ganz schön anstrengend, dieser Beruf. Aber ich brauche das einfach ab und zu. Dagegen ist selbst der ödeste Strip ein Zuckerschlecken. Ich hätte nie gedacht, dass seriöse Arbeit so mühsam sein kann. Möchten Sie mich einmal im Nachtclub besuchen? Ich bin echt gut, kann richtig tanzen, nicht nur mit dem Hintern wackeln.«

»Kennen Sie Frau Giger?«

»Und ob ich die kenne. Ihr Fuß hängt bei meinem Vater neben der Tür.«

»Frau Giger trägt eine Prothese?«

»Nein. Mein Vater sammelt nur Fotos, das sagte ich Ihnen doch schon. Ihr Fuß hat ihm immer gut gefallen. Der Rest allerdings weniger.«

»Kennen Sie Frau Gigers Freundin? Eine Südamerikanerin?«

»Conchita? Ja, sie war bei meinem Vater. Er hat ihre

Füße fotografiert. Hat ihm gut gefallen. War ganz nett, konnte aber kaum deutsch. Sie fragte uns nach einem Zimmer.«

»Wohnte sie nicht bei Frau Giger?«

»Doch, aber sie fühlte sich belästigt.«

»Von Frau Giger?«

»Nein. Von deren Freund. Ich wollte Conchita ein paar Auftritte als Stripperin vermitteln. Illegal. Aber sie meldete sich nicht mehr bei mir.«

Ich reimte mir die Informationen zusammen und fragte mich, ob meine Klientin mir die ganze Wahrheit gesagt hatte. Ehe ich mir darüber im Klaren war, traf ich vor dem Haus auf den Unterschriftensammler und jenen Mann, der als staubigster Beamter der Stadt dereinst im Völkerkundemuseum landen wird.

»Üble Sache, Maloney. Dieser Mann möchte, dass wir die ganze Straße aufreißen.«

»Nicht nur die Straße, auch den Hinterhof, alle Keller. Ich bin sicher, dass Dutzende von Leichen hier in der Straße vergraben wurden.«

»Sie sind nicht zufällig der Freund von Frau Giger?«, fragte ich den eifrigen Anwohner.

»Ja, der bin ich. Wir lieben uns, wir leben zusammen, wir möchten Kinder haben. Ist das verboten?«

»Sie wollten sich an ihre Freundin ranmachen.«

»Wer erzählt denn so etwas? Ich bin monogam, war schon immer monogam, Treue ist mein zweiter Vorname. Was ist jetzt mit der Straße? Reißen Sie sie auf, oder muss ich eine Bürgerwehr aufstellen?«

»Sie stellen gar nichts auf, junger Mann«, sagte Hugentobler. »Wir können die Straße nicht einfach aufreißen. Nicht wegen einer Leiche. Die Straße wird nur aufgerissen, wenn Sie einen zusätzlichen Telefonanschluss bestellen oder einen Kabelanschluss für den Fernseher. Wo aber kämen wir hin, wenn wir Straßen wegen ein paar Leichen aufreißen würden? Das bezahlt uns niemand. Tote bezahlen keine Rechnungen mehr.«

Er zählte auf, was es alles brauchte, um einen Beamten wie ihn zu zwingen, so etwas wie Arbeit zu verrichten. Es brauchte eine ganze Menge. Während er uns vorjammerte, wie schlecht er und seine Kollegen bezahlt wurden, begann es zu regnen. Ich tat, was ich in solchen Situationen immer tue: flüchten und fluchen. Ich hatte keine Lust, darauf zu warten, dass der Vater meiner Klientin als Massenmörder auf allen Titelseiten zu bestaunen war. Deshalb lud ich meine Klientin ein, mir endlich reinen Wein darüber einzuschenken, wie verrückt ihr Vater tatsächlich war.

»Natürlich ist er nicht ganz normal. Er hatte als Kind Mühe, sich mit seinen Mitschülern zu unterhalten. Er blieb lieber allein. Er verbrachte ganze Tage in einem Keller. Durch eine schmale Luke sah er auf die Schuhe und Füße der Passanten, die vorbeigingen. Er muss etwa vierzehn gewesen sein, als er sich in ein paar Füße verliebte, die er vorbeigehen sah. Seither sucht er vergeblich nach diesen Füßen.«

»Klingt reichlich überdreht. War Ihr Vater deswegen in Behandlung?«

»Ja. Es hat aber nichts gebracht. Seine Fixierung ist nicht sexuell. Er sammelt die Füße aus Liebe, nicht aus Leidenschaft. Deshalb ist er harmlos. Er ist auf jeden Fall einiges harmloser als ich.«

»Klingt verlockend.«

»Ist es auch. Aber nicht für Sie. Ich mag mehr den südländischen Typ.«

»Wenn ich ein bisschen übe, werde ich zwar nicht zum Tier, aber zum Italiener.«

»Sie sind mir zu sehr al dente, Maloney. Helfen Sie meinem Vater, ich helfe mir selber.«

Langsam bekam ich den Verdacht, dass meine Dienste nur noch sehr eindimensional gefragt waren. Ich erinnerte mich an all die Frauen, die ich in meinem Leben glücklich gemacht hatte und prompt fielen mir all jene ein, die ich unglücklich gemacht hatte. Als ich den Vater meiner Klientin aufsuchte, traf ich auf eine Frau, die sich in Sachen Füße hervorragend auskannte.

»Das ist Frau Christen. Sie arbeitet für mich. Sie bringt Ordnung in all die Füße, die ich gesammelt habe. Und sie besorgt mir Fotos von Füßen. Sie hat Zugang zu allen wichtigen Fotoarchiven.«

»Ich habe ihm sogar die Füße von Hillary Clinton besorgt.«

»Leider eine glatte Enttäuschung. Da war Ruth Dreifuss wesentlich interessanter, auch wenn das Foto ziemlich umstritten ist, es gibt Insider, die behaupten, dass darauf in Tat und Wahrheit ein Fuß von Moritz Leuenberger zu sehen ist.«

»Es gibt übrigens in Japan einen weiteren Füßesammler. Allerdings interessiert sich dieser nur für asiatische Füße.«

»Das ist nichts für mich. Frau Christen wohnt gleich gegenüber, neben Frau Giger, der Frau, die mich angeblich bei der Polizei angezeigt hat. Ich verstehe das alles nicht, ich habe dieser Frau nie etwas getan.«

»Sie ist eine rabiate Person. Sie hat ihren Freund schon mehrfach tätlich angegriffen. Das habe ich gehört.«

»Haben Sie auch gehört, dass Frau Giger einen Streit mit ihrer südamerikanischen Freundin Conchita hatte?«

»Allerdings. Der Freund von Frau Giger hat mit der Frau geschlafen. Du meine Güte, Frau Giger schrie über eine Stunde wie am Spieß. Es hat gepoltert und gekracht. Ich habe fast jedes Wort mit anhören müssen. Es war grauenhaft.«

»Könnte es sein, dass bei diesem Streit jemand getötet wurde?«

»Das hätte mich nicht überrascht. Moment mal. Sie haben Recht, wenn ich es mir überlege, habe ich die Freundin von Frau Giger danach nicht mehr gesehen.«

»Wieso sagen Sie das erst jetzt?«, sagte Herr Tauber. »Sie sind meine Rettung! Lassen Sie sich umarmen.«

»Nicht so heftig! Aua, jetzt habe ich mir den Fuß verknackst. Das tut weh! Ich muss den Schuh ausziehen.«

»Tun Sie das. Oh! Oho! Ohoho!«

»Ist Ihnen nicht gut, Herr Tauber?«, fragte ich besorgt.

»Dieser Fuß! Das ist phantastisch! Darf ich ihn küssen?«

»Ich muss doch sehr bitten«, sagte Frau Christen.

»Ja! Lassen Sie sich bitten.«

Tauber ging in die Knie und versuchte Frau Christens Fuß zu küssen. Sie machte einen Schritt rückwärts, verlor die Balance und riss ein Gestell zu Boden, in dem mindestens 10 000 Fotos schöner Füße verstaut waren. Das Gestell knallte auf Herrn Taubers Rücken, so dass er flach auf dem Bauch landete. Kurz darauf betrat ich zusammen mit einem Mann und einem Haftbefehl die Wohnung von Frau Giger.

»Im Namen des Gesetzes, dies ist ein Haftbefehl und ich bin der Überbringer der frohen Botschaft. Ich bitte Sie, mitzukommen.«

»Freiwillig geht nämlich niemand mit ihm mit«, sagte ich.

»Sie halten sich raus, Maloney. Das ist mein Fall. Wo ist die Leiche, Frau Giger?«

»Was für eine Leiche?«

»Es hat keinen Sinn mehr, Erika.« Frau Gigers Freund bekam wässrige Augen.

»Na und? Die Typen können nichts beweisen und deine Aussage zählt nichts, weil du dich damit selber belasten würdest.«

»Sie haben die falschen Filme gesehen, Frau Giger«, sagte Hugentobler. »Hier in diesem Land bin ich das Gesetz. Seien Sie froh, dass ich Sie nicht aufs Schafott führe.«

»Jetzt übertreibt er aber.«

»Ich sage nichts mehr, wenn du möchtest, dass ich schweige, Erika.«

»Mach doch, was du willst.«

»Sie haben Ihre Freundin ermordet, weil sie mit Ihrem Freund geschlafen hat«, sagte ich. »Sie beide haben die Leiche beseitigt und einen Fuß in den Abfallsack von Herrn Tauber gesteckt, um den Verdacht auf ihn zu lenken.«

»Das hätte ich nicht besser sagen können, Maloney. So, Feierabend, jetzt habe ich mir eine warme Ovomaltine verdient.«

»Ich muss mich gleich übergeben«, sagte Frau Giger.

»Das macht nichts, Frau Giger«, sagte Hugentobler. »Wir werden sowieso die ganze Wohnung gründlich reinigen. Ich bin sicher, dass wir eine winzig kleine Blutspur finden werden. Das genügt heutzutage.«

»Ich habe dir gesagt, du sollst anstelle von Fleckweg flüssig Blutweg liquid nehmen, Erika.«

»Halt den Mund, du Waschlappen.«

»Apropos Waschlappen. Kennen Sie den Witz vom

Kind und der Badewanne und dem Waschlappen und den Zigaretten?«

Eine Stunde später hatte er endlich die Pointe wiedergefunden. Ich ging mit meiner Klientin ins Kino und schaute mir einen fürchterlichen Kostümfilm an. Als die Heldin gerade verzückt ein Gedicht zum besten gab, schlief ich ein. Als ich wieder erwachte, war meine Klientin weg, dafür lief ein anderer Film, der aber auch nicht besser war. So geht das.

Die Dichterlesung

Ein Kälteeinbruch suchte die Stadt heim und richtete in meinem Büro kleinere Frostschäden an. Ich war deshalb erleichtert, als ich die Wohnung von Frau Sturm betrat und die wohlige Temperatur eines Heizkörpers auf meinen Rücken strahlte.

»Ich bin extrem empfindlich gegen kühle Temperaturen. Eigentlich müsste ich im Süden leben, aber wovon? Ich kann nur deutsch dichten und das will im Süden niemand hören. Lesen Sie Gedichte?«

»Nur wenn es Teil der Honorarvereinbarung ist.«

»Ein Honorar kann ich Ihnen vielleicht bezahlen.«

»Das wäre aber nett. Schließlich leben wir alle nur einmal. Und da möchte ich mir wenigstens ab und zu etwas kaufen können.«

»Wenn ich den Preis gewinne, kriegen Sie ein Honorar. 50 000 Franken. Stellen Sie sich das vor.«

»Ich versuche mir das gerade vorzustellen. Wie hoch ist der Preis, wenn schon mein Honorar so hoch ist?«

»Der Preis ist 50 000. Ihr Honorar wäre 5000. Das sind immerhin zehn Prozent.«

»Tatsächlich? Und die restlichen neunzig Prozent kriegen Sie für ein paar Gedichte?«

»Prämiert wird das schlechteste Gedicht des Jahres. Ich bin bereits für den Final qualifiziert und habe große Chancen. Jetzt melden sich aber auch die Neider. Ich habe Morddrohungen erhalten. Jemand möchte mich aus dem Weg räumen.«

»Einer Ihrer Konkurrenten?«

»Das sollen Sie herausfinden. Tun Sie etwas für Ihr Honorar. Ich werde dafür ein ganz miserables Gedicht schreiben und damit den Preis gewinnen.«

Sie gab mir einen Zettel, auf den ein Veranstaltungshinweis gedruckt war. Eine der Vorausscheidungen für den Wettbewerb fand in einer düsteren Kaschemme am Stadtrand statt. Außer ein paar argwöhnisch die Konkurrenz begaffenden Dichtern war kaum Publikum auszumachen. Ich trat auf eine Augenweide zu, unterdrückte jedoch den Impuls, mich in Versform zu nähern.

»Ich bin Lukretia Borg. Und das ist mein Lover, Julius Stamm, er ist auch Dichter, und leider noch etwas schlechter als ich.«

»Das ist bedauerlich. Vielleicht sollten Sie zur Abwechslung mit einem Mann ins Bett gehen, der ganz und gar dicht ist.«

»Sie sehen aber nicht aus wie ein Künstler«, näselte Herr Stamm. »Sieht er nicht aus wie ein ganz profaner Mensch, ein gemeiner Handwerker?«

»Ich bin aber Trinker und Denker.«

»In dieser Reihenfolge?«, fragte Frau Borg. »Das gefällt mir.«

»Lass dich nicht auf ihn ein. Du hast mir versprochen, erst nächstes Jahr wieder untreu zu werden.«

»Du weißt genau, dass ich das brauche. Schlechte Gedichte entstehen genauso wie gute Gedichte aus Leidenschaft.«

»Aber du Olive meines Hains, habe ich dich nicht genügend ausgepresst, deinen Saft gekostet und mich gelabt in deinem Schlafe?«

»Ich hätte eine Gefahrenzulage verlangen sollen.«

»Das ist nicht nötig«, sagte Frau Borg. »Mir ist jetzt nicht nach einem Date. Leermond unterdrückt die Leidenschaft.«

»So heißt eines ihrer Gedichte«, sagte Herr Stamm säuerlich.

»Das habe ich befürchtet.«

»Gleich wird Johann Wiedenhopf auftreten«, sagte Frau Borg und zeigte auf die Bühne. »Er ist ein Altmeister. Er hat schon vor vierzig Jahren Literaturkritiker zu Tränen der Verzweiflung gerührt mit seinen Gedichten. Einige seiner Verszeilen sind legendär.«

»Genau. Drück ich dich an meine bärenstarke Brust, weck ich deine animalische Lust, zittern wir in die Endlichkeit, machst du jetzt die Beine breit.«

»Noch besser aber ist seine Elegie an ein Bügeleisen. Heißer Dampf zischt an mein Ohr, so stell ich mir den Himmel vor.«

Ich rannte fluchtartig weg. An einer improvisierten Bar erholte ich mich bei einem Single Malt Whisky, der genau so schmeckte, wie die Leute aussehen, die normalerweise so etwas trinken. Als ich wieder normal atmen konnte, trat ein Mann neben mich, der jedem schönen Vers mit seiner bloßen Stimme den Garaus machen konnte.

»Meine Frau ist schuld daran, Maloney. Sie hat mein Naturgedicht dieser Jury geschickt und die hat mich eingeladen, und jetzt durfte ich es aufsagen. Wiesen und Auen lasset uns beschauen, Frösche und Grillen inmitten der stillen, Landschaft und Himmel, reitender Schimmel, kommst nicht zur Ruh, bald schreitest auch du ins Grabe voran, fragt sich nur wann, Taubendreck.«

»Taubendreck?«

»Ist das nicht toll, Maloney? Alle stolpern über diese letzte Zeile, weil es mir damit gelungen ist, die Idylle zu durchbrechen. Den Preis werde ich dafür nicht gewinnen, aber vielleicht ein Stipendium. Haben Sie auch ein Gedicht geschrieben, Maloney?«

»Na klar. Es trägt den Titel *Scheiße,* und es hat nur zwei Zeilen.«

»Und wie lauten diese Zeilen, Maloney?«

Ehe ich improvisieren konnte, knallte es laut.

»Das war ein Schuss«, sagte ich.

»Und die zweite Zeile?«, fragte Hugentobler.

»Da hat jemand drüben im Saal geschossen.«

»Ich weiß nicht, Maloney. Das reimt sich nicht und eigentlich sagen Sie in beiden Zeilen das gleiche. Ich würde das ganz anders formulieren.«

Er nahm ein paar Anläufe und holperte sich durch den neuen Duden, ohne fündig zu werden. Dafür stießen wir im Nebenraum auf einen Toten. Er hieß Johann Wiedenhopf und hatte gerade aus seinem Gedichtband *Frauen, Weiber, Schnepfen* vorgelesen, als ihn jemand mit Blei voll pumpte. Hugentobler ließ sofort alles abriegeln und verhaftete sogleich, wer ihm allzu nahe kam. Das war vor allem Julius Stamm, der sich mächtig gegen die Verhaftung wehrte. Seine Freundin wehrte sich ebenfalls, aber anders als erwartet.

»Das ist unfassbar. Ich habe nichts getan. Ich kann nicht mit einer Schusswaffe umgehen«, sagte Herr Stamm.

»Ich habe Ihren Vortrag gehört«, sagte Hugentobler. »In einem Gedicht schreiben Sie, Blut müsse fließen.«

»Aber das ist doch nur ein schlechtes Gedicht. Mir ist dieser Preis doch egal. Ich wollte eigentlich viel lieber Automechaniker werden, aber in der Schule zwang man mich immer, Poesiehefte voll zu schreiben. Deshalb, nur deshalb wurde ich Dichter.«

»Genau«, sagte Frau Borg. »Er ist ein Versager, er kann weder gute noch schlechte Gedichte schreiben. Verhaften Sie mich.«

»Dich? Du warst doch die ganze Zeit bei mir. Was soll das?«

»Ich brauche die Publicity. In allen Zeitungen wird mein Name stehen, mein Foto veröffentlicht. Vielleicht kriege ich einen Vertrag von einem großen Verlag.«

»Jetzt reicht es aber«, polterte es aus Hugentoblers Mund. »Es geht hier um Mord in einem fort, das ist wie Zirkus ohne Netz, ich bin das Gesetz.«

»Ich glaube, er hat ein Versmaß verschluckt«, sagte ich.

»Sie halten sich raus, Maloney. Einer der Anwesenden hat einen Mord begangen. Oder hat jemand den Saal verlassen, nachdem der Schuss fiel?«

»Es haben andauernd Leute den Saal verlassen«, sagte Julius Stamm. »Wiedenhopfs Gedichte waren unerträglich.«

»Er war ein Sexist, ein fürchterlicher Mann«, sagte Frau Borg.

»Dann hätten vor allem Frauen ein Motiv gehabt. Das klingt doch einleuchtend, oder? Üble Sache, Maloney. Wo kommen wir hin, wenn Menschen wegen eines schlechten Gedichts umgebracht werden?«

»Vielleicht zu besserer Literatur?«

»Gut oder schlecht, was heißt das schon«, sagte Julius Stamm. »Berühren muss Literatur, berühren.«

»Was fingerst du an mir herum?«

Wieder einmal drängte es mich an die frische Luft. Die war tatsächlich frisch. In meinem Büro funktionierte die

Heizung noch immer nicht. Dafür wärmte meine Klientin mir die gute Stube. Sie schwitzte wie in einer Sauna.

»Ich wusste gar nicht, dass kugelsichere Westen so schwer sind.«

»Was glauben Sie, weshalb Politiker immer so schwer gewichtig aussehen? Hier in meinem Büro kann aber höchstens die Kaffeemaschine explodieren. Sie dürfen sich also ruhig ein wenig entkleiden.«

»Ich trage nichts unter der Weste.«

»Das stört mich nicht.«

»Nein, nein, nein. So etwas mag ich nicht. Sie wollen mich verführen. Sie tun das nur, weil Sie an mein Geld ranwollen. Jetzt, da dieser Wiedenhopf nicht mehr lebt, werde ich garantiert den Preis gewinnen.«

»Woher wissen Sie von dem Mord?«

»Es kam im Radio. Wissen Sie, was das wirklich Schlimme an der momentanen Situation ist?«

»Dass es Sie unter der Weste juckt?«

»Mir fallen nur noch gute Gedichte ein. Es ist entsetzlich. Mein Bruder arbeitet bei einer Literaturzeitschrift und er sagt, meine neuen Gedichte seien besser als vieles, was er abdruckt.«

»Gratuliere. Die Kritiker werden Ihnen zu Füßen liegen und sich über die starke Weste wundern.«

»Das ist eine Katastrophe. Als schlechte Lyrikerin hätte ich die 50000 gewinnen können, als gute Lyrikerin verhungere ich. Was soll ich bloß tun?«

»Wer könnte Wiedenhopf auf dem Gewissen haben?«

»Alle Konkurrenten. Obwohl, ich glaube nicht, dass Wiedenhopf eine echte Chance gehabt hätte. Seine Gedichte sind zwar schlecht, aber vor allem, weil er ein Sexist, Rassist und auch sonst debil ist. Wirklich schlechte Gedichte sind aber kunstvoll schlecht.«

»Wer verleiht eigentlich diesen Preis?«

»Frau Quandt. Ein unbeschriebenes Blatt. Hat sich vermutlich einen Spaß erlaubt, langweilt sich mit viel Geld zu Tode und hat deshalb diesen Preis ersonnen, um ihr Leben ein wenig interessanter zu machen. Ist ihr ja auch gelungen, oder?«

Sie gab mir die Adresse von Frau Quandt. Sie wohnte nicht in einer prächtigen Villa, sondern in einem Altersheim. Wir saßen auf dem kleinen Balkon ihrer kleinen Wohnung und sie erzählte mir aus ihrem Leben. Zwei Stunden später schaffte ich es endlich, ihr eine Frage zu stellen.

»Ja, ich habe immer gedichtet, ein Leben lang, aber nie Anerkennung dafür erhalten. All meine Liebesgedichte, was ist aus ihnen geworden? Fritz hat nicht lesen können, Paul kriegte einen Lachanfall und starb. Willy kannte sich nur mit Zahlen aus, aber nicht mit Buchstaben. Deshalb blieb ich alleine mit meinen Versen. Kein Verlag interessierte sich dafür. Natürlich waren meine Gedichte schlecht, aber haben nicht auch schlechte Gedichte ein Recht auf Publikation?«

»Und jetzt beteiligen Sie sich anonym am eigenen Wettbewerb und schlagen damit zwei Fliegen mit einer Klappe. Das Geld können Sie selber behalten und berühmt werden Sie trotzdem.«

»Nein. Mir liegt nichts mehr daran, berühmt zu werden. Ich möchte, dass anderen Dichtern mein Schicksal erspart bleibt. Jedes Jahr soll ein Dichter oder eine Dichterin aus der Anonymität schlechter Zeilen herausgehoben werden und im Olymp des schlechten Geschmacks erstrahlen.«

»Ich nehme an, dass dieser Preis auch Gegner hat.«

»Natürlich. Jede gute Idee hat mehr Gegner als Befürworter, das ist immer so am Anfang. Nur wer stur seinen Weg geht, wird Anerkennung ernten. Früher oder später. Meistens später, meistens viel zu spät.«

»Und wer hat den Dichter Wiedenhopf ermordet?«

»Woher soll ich das wissen? Allerdings gibt es eine junge Lyrikerin, die mir telefonisch gedroht hat, die Veranstaltungen zu stören. Aber wer denkt schon an eine derartige Störung?«

»Wie heißt die sensible Dame?«

»Isolde Muck. Sie hat vor drei Jahren das Bümplizer Stipendium für Nachwuchsautoren erhalten. Seither hält sie sich für eine begnadete Dichterin. Ganz unter uns gesagt hätte Frau Muck auch Chancen auf den Preis für das schlechteste Gedicht. Sie verlangt aber, dass der Preis umgewandelt wird in einen Preis für das beste Gedicht.«

»Dann müsste die Dichterin *Sie* bedrohen und nicht die anderen Dichter.«

»Ach wissen Sie, erfolglose Künstler können gefährlich werden. Denken Sie nur an Hitler, den Kunstmaler und Goebbels, den Schriftsteller, vielleicht hätte man den beiden Herren besser ein paar Stipendien gegeben, als sich über ihre Bilder und Schriften lustig gemacht. Das ist auch ein Grund, weshalb ich diesen Preis ausgeschrieben habe. Wenn ich mir vorstelle, dass diese Frau Muck in die Politik geht, dann graut mir davor.«

»Sie trauen dieser Isolde Muck zu, das Attentat auf Wiedenhopf verübt zu haben?«

»Sie hat ein fanatisches Glitzern in den Augen. Das gefällt mir nicht. Ja, sie könnte es getan haben.«

Ich bedankte mich und ging zurück in mein Büro. Unterwegs klingelte mein Handy und eine Frau beschimpfte mich auf spanisch. Ehe ich etwas sagen konnte, war ihre Stimme wieder weg.

Die Dichterin Muck lebte, wie es sich gehört, in einer kleinen Kellerwohnung in einem der schmutzigeren Quartiere der Stadt. Sie schrieb ihre Zeilen nur mit Tinte und hatte deshalb schwarze Flecken an den Händen. Dafür sah ihr unbeflecktes Gesicht sehr hübsch aus.

»Dieser Preis ist eine Katastrophe. Die allgemeine Dekadenz hat jetzt auch die Kultur erfasst. Nicht mehr was gut ist, zählt, sondern nur noch, was schrill daherkommt. Schlechte Gedichte sollte man verbieten und nicht auszeichnen.«

»Sie sind also für die Zensur? Vermutlich möchten Sie als alleinige Staatsdichterin anerkannt werden?«

»Nein. Ich habe der Kulturkommission vorgeschlagen, einen Literaturschein auszustellen. Nur wer den Schein erwirbt, darf Bücher publizieren. Schlechte Gedichte werden mit Literaturscheinentzug nicht unter zwei Jahren bestraft.«

»Und schlechte Kritiken werden mit Kerker nicht unter zehn Jahren bestraft.«

»Die Kritiker sind auf meiner Seite. Markus Teich unterstützt mich vehement. Er kriegt bei jedem schlechten Gedicht einen Herzanfall. Ich musste ihm schon oft einige meiner neuen Gedichte faxen, damit er sich erholen konnte.«

»Das klingt interessant. Wo lebt dieser Teich? Kann er mit Schusswaffen umgehen?«

»Poesie ist eine zarte Pflanze und Sie reden von Schusswaffen, das verstehe ich nicht.«

»Haben Sie noch nichts vom Attentat auf Wiedenhopf gehört?«

»Wiedenhopf ist erschossen worden?«

»Und wie. Mitten beim Vortrag seines zweitschlechtesten Gedichts.«

»Und wer hat ihn erlöst?«

»Frau Quandt vermutet, dass Sie es waren.«

»Ich? Das ist lächerlich. Meine Waffe sind die Worte, davon stirbt man nicht.«

»Außer Herr Teich mit dem schwachen Herzen.«

»Ja. Allzu viele schlechte Gedichte überlebt er nicht mehr.«

Sie gab mir die Adresse von Herrn Teich und ich kaufte mir einen Gedichtband von meiner Klientin, den ich problemlos als tödliche Waffe gegen Teich hätte einsetzen können. Doch aus Teichs kleinem Haus hörte ich Hilfeschreie eines anderen Poeten. Julius Stamm saß an einen Stuhl gefesselt im Wohnzimmer des großen, aber abwesenden Kritikers.

»Er ist übergeschnappt, er hat mich entführt, er wollte mich umbringen.«

»Und weshalb hat er es nicht getan?«

»Er sagte, er wolle mich umprogrammieren. Mörike hat er mir vorgelesen, Gottfried Benn, Baudelaire, Ulla Hahn und Lars Gustafsson. Stundenlang. Und nach jedem Gedicht erklärte er mir, weshalb das Gedicht gut ist. Es war unerträglich, aber er hörte nicht auf.«

»Und wo ist er jetzt?«

»Er hat am Radio gehört, dass Frau Sturm vermutlich den Preis für das schlechteste Gedicht gewinnen wird. Er bekam Atemnot und Zuckungen, es war grauenhaft. Dann ging er ins Zimmer nebenan und kam mit einer Waffe zurück.«

»Und wieso haben Sie ihn nicht mit einem Ihrer Gedichte aufgehalten?«

»Mir fällt keines mehr ein. Ich glaube, er hat mich erfolgreich therapiert. Ich werde nie wieder schlechte Gedichte schreiben.«

Ich rief mit meinem Handy das Polizeipräsidium an und wurde nach nur zwanzig Minuten endlich mit dem richtigen Beamten verbunden. Er war gerade dabei, die erste Ode an ein Kreuzworträtsel zu schreiben. Ich sagte ihm, sein schlechter Geschmack sei gefragt, worauf er nur widerwillig zuhörte, was ich über Teich herausgefunden hatte. Wir trafen uns vor Frau Sturms Wohnung.

»Schon praktisch, so ein Mobiltelefon, nicht wahr, Maloney? Was mich aber interessieren würde, ist, wie Sie sich die monatliche Grundgebühr leisten können bei Ihrem dünnen Einkommen.«

»Ich esse nur noch einmal in der Woche und trinke nur noch dreimal täglich. Wieso hat es so lange gedauert, bis Sie endlich aufgetaucht sind?«

»Ein Kollege hat mich angerufen. Er beschwerte sich darüber, dass ein Trottel vor ihm bei Grün wartete und telefonierte, anstatt loszufahren. Er wurde immer wütender und fluchte wie ein Rohrspatz ins Telefon. Als er die Verbindung unterbrach, sah ich, dass die Ampel, vor der ich stand, wieder auf Rot schaltete.«

»Ich schlage vor, dass wir gemeinsam die Tür eintreten.«

Hugentobler nickte und nahm Anlauf, als ihn ein Knall unterbrach.

»Ich glaube, das war ein Schuss. Vielleicht sollte ich vorher meine Waffe testen.«

»Da drin kämpft meine Klientin um Leben und Tod.«

»Das ist doch nichts ungewöhnliches für Ihre Klienten, Maloney. Sie wird das schon überleben. Wie, sagten Sie, soll ich den Mann überwältigen?«

»Indem Sie sofort eines Ihrer Gedichte rezitieren.«

»Auswendig? Jetzt gleich? Das ist ja noch schwieriger, als spontan zu schießen.«

Ich nahm Anlauf und krachte mit der Schulter gegen die Tür. Sie gab nach und meine Schulter schmerzte höllisch. In der Wohnung trafen wir auf einen bleichen Markus Teich, der mit zitternder Hand eine Waffe in der Hand hielt. Meine Klientin lächelte triumphierend.

»Was ist los? Schießen Sie noch einmal, Teich. Das kitzelt so schön. Ach, ich liebe es, von einem Kritiker erschossen zu werden.«

»Sie ist des Teufels, das ist keine Frau, das ist eine Außerirdische, eine Erscheinung, ein Gespenst.«

»Im Namen des guten Gedichtes, Sie sind verhaftet. Soll ich Ihnen Ihre Rechte vorlesen? Ich habe darüber vor vielen Jahren ein schönes Gedicht geschrieben. Justiz heißt es. Justiz. Gefangen in den Armen des Gesetzes harren wir dem Richterspruch. Damokles schwebt, Damokles lebt, Schwerter zu Pflugscharen und Raketen zu Feuerzeugen.«

»Er soll aufhören. Mein Herz flattert, ich brauche dringend etwas Lyrik des 19. Jahrhunderts.«

»Ich habe ganz zufällig einen Gedichtband von Frau Sturm dabei. Er heißt *Fliegen fangen*.«

»Oh. Das ist mein bester.«

»Das überlebe ich nicht.«

»Und warum lebt diese Frau noch, Maloney? Hat er nicht auf sie geschossen?«

»Sie trägt eine kugelsichere Weste. Ganz praktisch heutzutage.«

»Dann ziele ich jetzt auf ihren Kopf«

»Sie zielen überhaupt nicht mehr. Sonst rezitiere ich aus meinem Winterlied, das ich vor 23 Jahren schrieb, als die Schneeflocken vor dem Fenster tanzten zu einer stillen Melodie.«

»Schon gut«, seufzte Teich. »Ich gebe auf. Mein ganzes

Leben kämpfte ich für das gute Gedicht und jetzt dies. Sogar hirnlose Beamte schreiben Gedichte.«

»Für diese Beamtenbeleidigung werden Sie noch büßen. Ich werde dafür sorgen, dass die Gefängnisbibliothek mit den Gedichten des Lyrikwettbewerbs um das schlechteste Gedicht voll gestopft wird.«

»Vielleicht genügt es, wenn Sie ihn einmal wöchentlich besuchen. Ihr Anblick und das, was Sie daraus machen, dürfte Strafe genug sein.«

»Dann hat Teich Wiedenhopf getötet?«, fragte meine Klientin. Teich nickte.

»Er hat eines seiner Gedichte meiner Frau gewidmet. Sie hat mir eingestanden, vor zwanzig Jahren ein Verhältnis mit diesem primitiven Schwein gehabt zu haben. Das war ein Triumph des schlechten Geschmacks. Ich musste ihn töten.«

»Ich hatte kein Verhältnis mit Ihrer Frau.«

»Ihre Gedichte sind schlimmer als jede Todsünde.«

»Also jetzt übertreiben Sie aber«, sagte Hugentobler. »Frau Sturm ist vielleicht nicht so wortgewaltig wie ich, aber sie hat Sinn für Poesie. Natürlich hat sie einen etwas engen Hintergrund, aber nicht alle können so viele Interessen haben wie die besten Beamten der Stadt. Vielleicht sollte ich noch aus meiner Ode für ein Kreuzworträtsel etwas vortragen? Was meinen Sie, Maloney?«

Ich meinte gar nichts und Teich bekam einen Weinkrampf. Meine Klientin lächelte und der Polizist rezitierte, bis auch die letzte Zeile den Raum füllte. Frau Quandt zog angesichts des Rummels und der Verbrechen den Preis zurück und stiftete die Preissumme statt dessen einem Heim für ehemalige Tenöre. Meine Klientin besuchte mich ab und zu mit neuen Gedichten, davon konnte ich mir aber auch nichts kaufen. So geht das.

Der direkte Draht

Der Mann, der in meinem Büro erschien, legte mir sein Mobiltelefon auf den Schreibtisch. Ich wartete, aber nichts geschah. Er gehörte scheinbar zu den Leuten, deren Existenzberechtigung von ein paar Anrufen abhing, die sie täglich erwarteten. Ich lächelte und zeigte auf meinen Telefonbeantworter, der staubig die letzten Sonnenstrahlen erduldete und demütig darauf wartete, dass das Telefon klingelte. Es klingelte nicht, weder bei mir noch bei Herrn Wolf.

»Dieses Mobiltelefon treibt mich in den Wahnsinn.«

»Weil es nicht klingelt? Vielleicht sind Sie weniger wichtig als Sie glauben?«

»Es klingelt öfter als mir lieb ist. Leider.«

»Klingelt es etwa von selber? Hat es ein Eigenleben entwickelt? Das wäre etwas ganz Neues. Spricht es mit Ihnen?«

»Eine Frau ruft mich an. Täglich. Sie behauptet zu wissen, dass ich krumme Geschäfte mache, dass ich Steuern hinterziehe. Das ist eine Unverschämtheit.«

»Weshalb verklagen Sie die Frau nicht?«

»Ich weiß nicht, wer sie ist. Aber es muss mit der Firma zu tun haben, bei der ich das Mobiltelefon erhielt. Ein Geschenk.«

»Jemand verschenkt Telefone?«

»Ja, einfach so. Für Geschäftsleute. Wissen Sie, ich

habe mir bereits ein zweites Mobiltelefon gekauft. Auf dem erhalte ich keine unverschämten Anrufe, nur auf diesem hier. Die Frau kennt also nur diese Nummer. Das muss mit der Firma Teletron zu tun haben.«

»Sind die Anschuldigungen aus der Luft gegriffen oder weiß die Frau tatsächlich etwas?«

»Ich habe tatsächlich gewisse Geschäfte gemacht, die nicht ganz dem entsprachen, was man legal nennt.«

»Sie sind also ein Gauner?«

»Ich bitte Sie. Ich bin nur ein kleiner Geschäftsmann. Gut, ich habe auch eine größere Summe an den Steuerbehörden vorbeigeschleust.«

»Sie sind nicht zufällig der Vater einer Tennisspielerin?«

»Nein, nein. Ich habe keine Töchter. Ich wollte nie Kinder. Kinder kommen nie so raus, wie man sie sich wünscht. Ich habe viel lieber Autos. Drei Stück. Peter, Andreas und Carla. Vor allem Carla ist mir richtig ans Herz gewachsen. Sie hat Hinterradantrieb.«

»Mein Antrieb läuft nur gut geölt.«

»Gut, sagen Sie mir, wie viel Sie brauchen. Diese Frau, sie könnte mich erpressen, das mag ich nicht. Finden Sie heraus, wer und was dahinter steckt. Aber keine Polizei. Ich erwarte einen ausführlichen Bericht. Bitte in 14-Punkt-Schrift und mit doppeltem Zeilenabstand, das liest sich leichter. Bei Büchern rutsche ich immer hilflos zwischen den Zeilen herum. Ich weiß nicht, was die Autoren sich denken, alles immer so klein zu schreiben.«

Das Mobiltelefon erlöste mich. Wolf schrie in das kleine Ding und spuckte dabei auf meinen Schreibtisch. Mir wurde übel. Die Übelkeit hielt sich, bis er mir einen Check ausstellte. Danach ging es mir etwas besser. Ich trank eine Tasse Kaffee und machte mich auf den Weg zur Firma Teletron. Eine Frau, die sich als Mitarbeiterin in leitender Funktion ausgab, führte mich in ein Büro, das aussah wie die Suite eines Fünfsternehotels. Nur das Bett fehlte. Dafür rumpelte ein Kopiergerät in einer Ecke und spuckte vervielfältigten Müll aus.

»Ja, wir verschenken Mobiltelefone«, sagte Frau Degen. »Allerdings nur an ausgewählte Kundschaft.«

»Und was sind das für Auserwählte?«

»Darüber darf ich Ihnen keine Auskünfte geben. Wir behandeln das diskret.«

»Was müsste ich tun, um in den Kreis dieser Auserwählten zu gelangen?«

»Am besten bringen Sie sich um und hoffen, dass Sie noch einmal eine neue Chance erhalten. Ich würde allerdings nicht darauf wetten. Aber machen Sie sich nichts daraus, es braucht auf dieser Erde Erfolgreiche und solche, die für die Erfolgreichen arbeiten.«

»Genies und Idioten. Und Sie zählen sich natürlich zu den Genies? Sie sind wie die meisten Kunstwerke.«

»Finden Sie?«

»Ja. Durchaus hübsch anzusehen, aber maßlos überschätzt. Sie sind Gebrauchskunst, mehr nicht. Mich würde interessieren, wer Sie gebraucht und wozu?«

»So eine Unverschämtheit ist mir schon lange nicht mehr untergekommen. Mit Würmern wie Ihnen gebe ich mich nicht ab. Sie sind Abschaum, Sie sind die Gosse, Sie sind der Napf, in den ich spucke.« Die Vorstellung, die sie abzog, war nicht übel, doch ich hatte nicht dafür bezahlt und so verließ ich das Theater, bevor der Vorhang fiel. Ich landete zusammen mit einem jungen Mann in einem Lift. Wir ließen uns gemeinsam nach oben und unten befördern. Ein bisschen Bewegung soll schließlich gesund sein.

»Ich habe vorhin einiges mitbekommen. Mein Name ist Nauer. Dario Nauer. Ich arbeite für ein Lokalfernsehen. Ich bin inkognito hier. Eine Art Wallraff. Um die Teletron gibt es ein paar heiße Gerüchte, nichts Greifbares, aber es riecht nach kriminellen Machenschaften. Das ist genau das Richtige für mich. Ich werde eine Reportage darüber machen. In fünf Teilen. Das füllt eine Woche, das bringt Quoten. Eigentlich möchte ich viel lieber Spielfilme drehen, finden Sie nicht auch, dass ich das Talent dazu habe?«

»Doch, doch, Leute wie Sie haben enorme Talente. Vor allem wenn es darum geht, anderen Leuten auf den Geist zu gehen.«

»Verstehe schon, Sie müssen ganz cool bleiben. Nur nicht aus der Rolle fallen. Das sage ich auch immer. Vielleicht habe ich als Schauspieler noch mehr Talent. Ich betrüge übrigens meine Freundin seit einem Jahr, ohne dass sie es bemerkt. Alles nur, um meine Talente zu fördern. Nur nichts verkümmern lassen, sage ich immer.«

»Ich glaube, bei Ihnen ist einiges verkümmert, aber das macht nichts, fürs Lokalfernsehen reicht es allemal. Erzählen Sie mir lieber, was hier in der Teletron läuft.«

»Einiges. Geheimnisvolle Dinge geschehen. Leider ist meine Informantin heute nicht zur Arbeit erschienen. Sie wollte mir Unterlagen mitbringen. Brisante Unterlagen.«

»Wie heißt die Dame?«

»Das ist meine Story.«

»Ihnen der Ruhm und mir die Arbeit. Also, wie heißt die Frau?«

»Charlotte Künzler. Sie wohnt mit Rita Müller zusammen. Rita ist toll. Ich würde sie sofort als Hauptdarstellerin engagieren, so toll ist sie.«

Er schwärmte mächtig drauflos. Sogar der Lift lief rot an und begann leise zu stöhnen. Schließlich gab mir Nauer die Adresse der Dame. Ich war froh, endlich wieder unbeweglichen Boden unter meinen Füßen zu haben, weniger froh war ich über den netten Herrn, der mich vor dem Haus der Informantin empfing. Hinter ihm entdeckte ich eine langbeinige Brünette, das war immerhin etwas.

»Üble Sache, Maloney. Zwölf Stockwerke. Einfach runtergesegelt. Kennen Sie die Dame?«

»Welche ist es denn? Die schöne Rita oder die flotte Charlotte?«

»Charlotte Künzler. Fiel vom Balkon. Fremdeinwirkung kann nicht ausgeschlossen werden, die Wohnungstüre war offen.«

»Sie hat getrunken«, sagte die Brünette. »Vielleicht fiel sie deshalb runter.«

»Schau an, die schöne Rita. Was haben Sie uns über Ihren Arbeitgeber zu sagen?«

»Ich verstehe nur Bahnhof. Was wollen Sie von mir?«

»Kennen Sie die Frau, Maloney? Sie behauptet, mit der Toten zusammengewohnt zu haben.«

»Das habe ich auch. Die Wohnung ist riesig.«

»Sie arbeiten bei der Teletron, wie die tote Frau Künzler«, sagte ich.

»Na und?«

»Genau, Maloney. Was soll die Frage? Suchen Sie einen neuen Arbeitsplatz? Bei uns in der Kantine sucht man noch jemanden, der perfekte Pommes frites schneiden kann. Mögen Sie Kartoffeln, Maloney?«

»Ich mag vor allem Mordfälle, die sich in Motive und Täter auflösen. Und diese Frau kann uns dabei behilflich sein.«

»Ich sage nichts. Ich bin doch nicht blöd. Woher soll ich wissen, ob ich nicht die Nächste bin, die vom Balkon fällt?«

Hugentobler schaute sie ratlos an. Er legte ihr eine Hand auf die Schulter, die sie geschickt abtropfen ließ. Eine Weile lang hing die Hand in der Luft wie ein Verkehrszeichen. Er zog sie zurück und kratzte sich mit den Fingern den Nasenrücken. Ich schaute nach oben und versuchte den Balkon im zwölften Stocks zu entdecken. Es gelang mir nicht. Die oberen Stockwerke verschwanden im Rot der Abendsonne. Es war ein hübscher Anblick, fast schon idyllisch, wäre da nicht die zerschmetterte Leiche gewesen, die man ein paar Meter neben uns in einen Sarg hob.

Meinen Klienten kümmerte der Tod der Teletronangestellten nicht sehr. Ich bestellte ihn dennoch in mein Büro und überreichte ihm einen Zettel, auf dem ich in großen Buchstaben aufgeschrieben hatte, was ich von ihm hielt.

»Was sollen diese Verwünschungen, Maloney? Ich erwarte Berichte. Detaillierte Berichte.«

»Damit kann ich nicht dienen. Aber einen Rat kann ich Ihnen mit auf den Weg geben: Benutzen Sie das Telefon der Teletron nicht mehr, bis ich herausgefunden habe, was tatsächlich hinter der Sache steckt.«

»Ich habe es nicht mehr eingeschaltet. Das neue Mobiltelefon läuft einwandfrei. Keine unangenehmen Anrufe. Alles wunderbar. Hier, nehmen Sie das andere. Ich brauche es nicht mehr. Und vergessen Sie den Bericht nicht. Ich liebe es, nachts im Bett Berichte zu lesen. Meine Mitarbeiter müssen mir regelmäßig Berichte schreiben.«

»Wenn Sie so weitermachen schreibe ich Ihnen gleich

einen Abschiedsbericht mit noch mehr Verwünschungen drauf«

Wolf lächelte unsicher, als sein Handy klingelte.

»Ich lasse meine Finger davon. Das ist sicher wieder die Frau, die alles über mich weiß. Reden Sie mit ihr, schüchtern Sie sie ein, bringen Sie sie zur Strecke. In dieser Reihenfolge. Und vergessen Sie nicht, mir einen Bericht zu schreiben.«

Er verließ mein Büro und das Telefon hörte auf zu klingeln. Allerdings nicht lange. Ich drückte alle verfügbaren Tasten und wunderte mich darüber, dass das Ding nicht explodierte, so warm fühlte es sich an. Schließlich hatte ich die Frau am Ohr. Sie klang weder aufregend noch einschüchternd. Eher schon wie das berühmte Fräulein vom Amt.

»Aus Ihrer Steuererklärung geht hervor, dass Sie im vergangenen Jahr nur 80000 Franken verdient haben. Das kann nicht stimmen, da muss Ihnen ein Irrtum unterlaufen sein.«

»Allerdings. Ich habe viel weniger verdient. Wie kommen Sie überhaupt zu den schönen Zahlen?«

»Schon im Vorjahr haben Sie zu wenig angegeben. Daraus schließe ich, dass eine gewisse Systematik dahinter steckt. Sie sind ein Steuerhinterzieher, Herr Wolf.«

»Maloney ist mein Name und ich hinterziehe keine Steuern, das lohnt sich nicht bei meinem Einkommen.«

»Oh. Entschuldigung, da bin ich falsch verbunden.«

»Sind Sie nicht. Das ist der Anschluss von Herrn Wolf.«

»Tatsächlich? Dann richten Sie ihm aus, dass wir Bescheid wissen. Er macht krumme Geschäfte. Er sollte sich schämen. Und vor allem sollte er die Steuern nachzahlen, die er noch schuldet.«

Und weg war sie. Ich drückte eine Weile die hübschen Tasten und wurde mit ein paar netten Menschen verbunden, die mir allerdings keine Auskünfte geben konnten, die mich im Leben irgendwie weitergebracht hätten. Weil ich langsam genug von dem Fall hatte und mir die Aussicht, einen mühseligen Bericht tippen zu müssen, zuwider war, besuchte ich meinen Klienten, der seinerseits bereits Besuch hatte.

»Hauen Sie ab. Leute wie Sie dulde ich nicht in meinem Büro.«

»Sie haben mich zu dulden, ich habe einen offiziellen Auftrag zu erfüllen. Als Ihr Steuerkommissär teile ich Ihnen mit, dass wir Ihren krummen Machenschaften auf die Schliche gekommen sind.«

»Schaffen Sie mir den Mann vom Hals, Maloney und schreiben Sie mir einen Bericht darüber.«

»Sie können mich mal«, sagte ich.

»Nicht jetzt, bitte. Ich brauche Ihre Hilfe, dieser Mann verleumdet mich.«

»Ich werde Beweise beschaffen. Der Staat braucht mehr Einnahmen, mehr Steuergelder. Leute wie Sie, Herr Wolf, sind Parasiten, Sie saugen den Staat aus.«

»Jetzt reicht es aber. Ich werde mich gleich in Ihre Schlagader verbeißen und Sie aussaugen, wenn Sie nicht schleunigst abhauen, Leu.«

Er wurde gewalttätig. Es gelang mir, ihn und Leu voneinander zu trennen. Es kostete mich einige Anstrengung, aber es ging, auch ohne ausführlichen Bericht. Eine Stunde später stand ich in den Räumlichkeiten der Firma Teletron. Der kritische Journalist hatte nur noch Glotzaugen für die schöne Rita übrig.

»Ich opfere meine Karriere der Liebe.«

»Jetzt reicht es aber, Sie Bonsai-Wallraff. Es geht um

Mord. Und die Frau, deren Beine Sie visuell begrab-schen, hat wahrscheinlich etwas damit zu tun.«

»Rita? Unmöglich. Sie würde höchstens aus Liebe morden. Für mich. So hat es mich noch nie erwischt. Oh, da kommt sie. Schauen Sie nur diese Bewegungen, sie schwebt durch die Räume wie eine Elfe übers Moor.«

»Das kommt davon, wenn man sich nur noch mit den Hormonen umschaut und Augen und Gehirn auf Spar-flamme setzt.«

»Was ist los?«, rief die schöne Rita. »Was machen Sie hier? Hast du ihn hereingelassen?«

»Nein, habe ich nicht. Kommst du nachher mit mir ei-nen Kaffee trinken, Rita? Ich warte seit Stunden auf die-sen Moment.«

»Dann kannst du auch noch etwas länger warten.«

»Gut gegeben. Wo steckt eigentlich die Chefin? Ich würde ihr gerne meine Aufwartung machen.«

»Geht nicht. Sie ist nicht zu sprechen. Und jetzt hauen Sie ab, da vorne ist der Ausgang.«

Nauer nickte nur und begleitete mich Richtung Lift. Wir fuhren ein paar Minuten. Er versuchte sich zu erklä-ren, und tat dies mit einem unangenehmen Geruch, der aus seinem Rachen strömte. Ich stieß ihn unterwegs aus dem Lift und fuhr ganz nach unten, so weit, dass es zap-penduster war, als ich ausstieg. Ich tappte durch einen kühlen Gang und landete in einem kleinen Büro. Dort hörte ich eine vertraute Stimme.

»Sie schulden dem Staat eine größere Summe. Denken Sie bitte daran, dass der Staat wichtige Aufgaben hat. Sie wollen doch nicht, dass unser Staat eines Tages bankrott geht, nur Ihretwegen. Wie bitte?«

Die Frau schaute belämmert auf den Telefonhörer.

»Arschloch. Einfach eingehängt.«

»Nicht alle sind so nett und hilfsbereit wie der olle Maloney.«

»Was wollen Sie hier?«

»Sie persönlich kennen lernen. Sind Sie der gute Geist der Firma Teletron?«

»Ich bin kein Geist. Ich arbeite hier. Ich habe Schulden. Ich lebe alleine. Ich bin mir keiner Schuld bewusst. Ich bin hier nur angestellt. Und wer sind Sie?«

Ich lächelte und zeigte ihr meine Karte. Sie rümpfte die Nase, weil meine Visitenkarte schlicht und zerknittert war. Ich sah, dass vor ihr eine lange Liste mit Namen und Nummern von Mobiltelefonen lag.

Später machte ich einen Spaziergang zum Steueramt. Niemand hinderte mich daran, das Gebäude zu betreten und niemand war unglücklich darüber, als ich es wieder verließ. Immerhin gelang es mir, eine Menge Informationen aus dem Haus zu schleppen. Ich besuchte Frau Degen, die Chefin der Teletron in ihrer Privatwohnung, einem luxuriösen Penthouse über dem See. Sie war nicht allein.

»Na, Maloney, haben Ihre Ermittlungen Sie hierher geführt, oder wollten Sie einfach mal sehen, wie erfolgreiche Leute leben?«

»Ich habe ihn nicht eingeladen. Dieser Mann ist wie eine Krankheit, die man nicht los wird.«

»Wem sagen Sie das, wem sagen Sie das?«

»Apropos Krankheit, kriegt man für so einen Schädel eigentlich eine Invalidenrente?«

»Mir können Sie nichts anhaben, Maloney. Ich bin hier, um den Mord an der jungen Frau zu lösen. Sie wissen schon, der Flug vom Balkon.«

»Damit habe ich nichts zu tun«, sagte Frau Degen.

»Und ob Sie das haben«, sagte Hugentobler. »Ihr Auto stand in unmittelbarer Nähe des Hauses im Parkverbot.«

»Das ist unmöglich. Das muss ein Irrtum sein.«

»Verkehrspolizisten irren sich nie. Und wenn sie sich doch mal irren sollten, dann steht garantiert ein Streifenpolizist daneben und korrigiert den Irrtum.«

»Sie können mir nichts nachweisen. Ich habe weder ein Motiv noch sonst etwas, das vor Gericht relevant sein könnte.«

»Was vor Gericht relevant ist, entscheide immer noch ich.«

»Vielleicht kann ich Ihnen dabei behilflich sein?«, sagte ich lächelnd.

»Sie mir, Maloney? Das ist ganz was Neues.«

»Frau Degen und Herr Leu haben zusammengearbeitet.«

»Interessant. Und was hat das mit dem Mord zu tun?«

»Leu ist Steuerkommissär. Frau Degen hat allen Klienten, die er betreut und von denen er annimmt, dass sie Steuern hinterziehen, ein spezielles Mobiltelefon geschenkt. Sie hat dafür gesorgt, dass diese Leute von der Firma Teletron aus telefonisch bedroht wurden.«

»Das sind Hirngespinste. Glauben Sie ihm kein Wort. Leu hat mich erpresst. Ich musste ihm die Telefone besorgen. Ich habe selber Steuern hinterzogen.«

»Moment mal. Schön der Reihe nach. Alle haben Steuern hinterzogen und dieser Herr Leu hat mit dem Mobiltelefon Sie, Frau Degen, erpresst, bis Sie nicht mehr anders konnten und aus lauter Verzweiflung Ihren Wagen ins Parkverbot stellten?«

»Sie haben wieder einmal wunderbar kombiniert«, sagte ich. »Verhaften Sie die Dame, wofür auch immer.«

»Ich verhafte Sie. Wegen Mordes und Falschparkierens.«

»Das ist absurd. Das muss ich mir nicht bieten lassen. Ich werde Sie verklagen. Alle beide.«

Der Polizist machte sie darauf aufmerksam, dass sie soeben verhaftet worden war und sich darum kümmern sollte, Zahnbürste und andere lebensnotwendige Dinge einzupacken. Frau Degen dachte nicht im Traum daran. Schließlich erschien auch noch Leu, der Steuerkommissär.

»Was ist los? Was soll dieser Auflauf!«

»Ein Auflauf! Ich rieche nichts. Haben Sie etwas gekocht?«

»Frau Degen ist soeben wegen Mordes verhaftet worden«, sagte ich.

»Alles Blödsinn. Glaub ihnen kein Wort. Sie wollen uns reinlegen.«

»Ich verstehe nicht, was das alles soll. Ich bin erschüttert.«

»Halb so wild. Ich werde es überleben.«

»Ich bin erschüttert, weil man mich entlassen hat. Fristlos. Dabei habe ich die höchste Quote. Allein im vergangenen Jahr haben sich 35 Leute selbst angezeigt.«

»Weil Sie sie unter Druck setzten«, sagte ich.

»Wer hat sich warum selbst angezeigt?«, fragte Hugentobler. »Davon weiß ich gar nichts. Ist das ein neuer Trend?«

»Dann bist du jetzt erledigt? Und ich auch?«

»Ich kann dich nicht mehr weiter decken, Pam. Deine Akte landet bei einem Kollegen. Und diese Arschgeige ist scharf darauf, dich hinter Gitter zu bringen.«

»Das ist nicht nötig«, sagte Hugentobler. »Die Dame ist schon so gut wie hinter Gittern.«

»Du hast dich selber angezeigt?«

»Ich habe eine meiner Mitarbeiterinnen umgebracht. Sie hat spitzgekriegt, dass bei der Teletron einiges krumm läuft. Sie wollte mich erpressen.«

»Du hast einen Menschen umgebracht?«

»Das sagte sie doch schon«, sagte ich. »Im Übrigen kommt es selten vor, dass Schimpansen oder Meerschweinchen ermordet werden, weil sie jemanden erpressen.«

»Was für ein Schimpanse, Maloney? Haben Sie mit exotischen Tieren gehandelt? Vogelspinnen vielleicht?«

»Ich bin erschüttert«, sagte der Steuerkommissär.

»Jetzt übertreiben Sie nicht. Möchten Sie sich vielleicht selber anzeigen?«

»Ich? Wozu? Ich habe meinen Job verloren. Ich bin sowieso erledigt.«

Die Sache entwirrte sich langsam. Dem Polizisten gelang es, anhand der Aussagen ein paar Notizen zu machen, die sogar ihm einleuchteten. Wenig später wurden Frau Degen und Herr Leu abgeführt.

»Eigentlich schade, dass Leute, die in solch tollen Wohnungen leben, Morde begehen müssen«, sagte Hugentobler traurig.

»Das ist das Derrick-Syndrom. Die schönsten Leichen findet man immer mitten in einem Katalog von *Schöner Wohnen.*«

»Das Leben ist aber keine Fernsehserie, Maloney. Und ich bin nicht Derrick. Manchmal wünschte ich mir, die würden mich mal bitten, in so einer Serie aufzutreten. Ich meine, ich könnte aus meinem reichhaltigen Erfahrungsschatz so manche Episode füllen. Was meinen Sie, Maloney? Soll ich mich beim Fernsehen bewerben?«

»Als Zusatzzahl beim Zahlenlotto?«

»Das geht doch nicht.«

»Genau. Weil es im Lotto keinen Nuller gibt.«

»Das war jetzt aber gar nicht nett, Maloney.«

Er ging traurig von dannen. Ich ging ebenfalls zurück in mein Büro. Herrn Wolfs Handy steckte ich unterwegs einem Penner zu. Er nickte freudig und rief gleich jemanden in Buenos Aires an. Ich lächelte und sagte ihm, dass die Rechnung sowieso von jemand anders bezahlt würde. Er lächelte zurück und wählte gleich noch eine Nummer in Peking. So geht das.

Heiße Tage

Der Sommer brannte mit voller Wucht auf die Stadt, und inmitten von Ozon, Schwimmbädern und Siesta gab es auch ein paar Menschen, die auf mehr oder weniger redliche Art und Weise versuchten, ihren Lebensunterhalt zu verdienen. Der Mann, der mir gegenübersaß, war Angestellter bei einer großen Versicherungsfirma.

»Es geht um einen Versicherungsfall. Wir möchten gerne einen Schadenfall überprüfen, bevor wir die Versicherungssumme ausbezahlen.«

»Ich dachte immer, dass die weniger Erfolgreichen aus meiner Zunft bei Ihnen als Firmendetektive landen. Weshalb kommen Sie zu mir?«

»Unser eigener Detektiv hat nichts herausgefunden. Nichts, was unseren Argwohn bestätigen würde.«

»Mit anderen Worten: Sie müssen zahlen. Und das tun Sie nicht gerne. Geht es um eine Lebensversicherung?«

»Nein. Ein Geschäft. Fischereiartikel. Völlig überbewertet und überversichert. Der Besitzer sahnt ganz schön ab, wenn wir die Summe auszahlen.«

»Und Sie vermuten, dass er sein eigenes Geschäft angezündet hat, oder was?«

»Genau. Es ist völlig ausgebrannt. Wie durch ein Wunder griff das Feuer nicht auf die oberen Stockwerke über. Und genau das macht uns stutzig. Das Feuer ist im Laden ausgebrochen. Mitten in der Nacht.«

»Interessant. Und ich soll Ihnen nun den Beweis für einen Betrug liefern?«

»Sie haben nur zwei Tage Zeit. Danach müssen wir zahlen. Ich bin davon überzeugt, dass der Mann ein Betrüger ist. Ein gemeingefährlicher sogar.«

»Und wie hoch ist meine Erfolgsprämie?«

»Fünf Prozent des versicherten Geldes. Das sind über 35 000, Maloney.«

Das klang verheißungsvoll. Er gab mir eine kleine Mappe, in der allerlei Papiere und Unterlagen verstaut waren. Der Mann namens Ott ging, und ich dachte an die 35 000, kaufte mir eine neue Sonnenbrille und besuchte Herrn Marthaler, dessen Fischereizubehörladen ein Raub der Flammen geworden war.

»Die Versicherung? Und Sie sind Privatdetektiv? Und weshalb sagen Sie mir das?«

»Weil es so einfacher ist. Ich mag keine albernen Versteckspiele.«

»Der Detektiv von der Versicherung war einige Male hier. Er versuchte mich hereinzulegen. Verdammt noch mal, ich habe den Laden nicht angezündet. Man soll mich endlich in Ruhe lassen.«

»Ihr Laden lief miserabel. Sie standen kurz vor dem Konkurs. Mit der Versicherungssumme sind Sie wieder saniert. Kein Wunder, dass die Leute von der Versicherung stutzig werden.«

»Das ist kein Zufall. Ist doch logisch. Jemand will mir eins auswischen. Pfister. Fragen Sie den. Der hat mir schon öffentlich gedroht, meinen Laden anzuzünden.«

»Wer ist Pfister?«

»Pfister hat bei mir gearbeitet. Bis ich herausgefunden habe, dass er mich beschissen hat. Geld hat er geklaut. Aus der Kasse. Da habe ich ihn rausgeschmissen. Er sagte, ich würde es noch bereuen. Und jetzt ist es wohl so weit. Diese miese kleine Ratte.«

Er ereiferte sich über seinen ehemaligen Angestellten. Als ich das Haus wieder verließ, ging eine Frau hinter mir her. Sie stellte sich als Frau Marthaler vor.

»Mein Mann hat nichts mit dem Brand zu tun. Er würde so etwas nie machen.«

»Ach wissen Sie, ich habe schon alles Mögliche erlebt.«

»Mein Mann hat das Geschäft von seinem Vater übernommen. Damals war es ein sehr gut eingeführtes Detailgeschäft. Aber mein Mann ist alles andere als ein Genie. Auf dem Fußballplatz fühlt er sich wohler als im Laden.«

»Ein Grund mehr, den Laden anzuzünden. Mit dem Geld von der Versicherung könnte er sich jahrelang die besten Sitzplätze auf allen Fußballplätzen reservieren lassen.«

»Unsinn. Mein Mann ist so blöd, dass er nicht einmal auf die Idee gekommen wäre, den Laden anzuzünden. Dabei war es tatsächlich nahe liegend. Damals, als dieser Versicherungsvertreter bei uns war, wurde mein Mann über den Tisch gezogen. Die Versicherungssumme war völlig überhöht. Aber wie gesagt: Mein Mann hat die Intelligenz eines Fußballs, der zu wenig aufgepumpt ist.«

Sie beharrte darauf, dass ihr Mann unschuldig weil blöd war. Ich persönlich hatte schon eine ganze Menge äußerst blöder Verbrecher erlebt, das allein war kein entlastender Beweis. Die Sonne stach mir in den Nacken, als ich mich auf den Weg machte, um dem ausgebrannten Laden einen Besuch abzustatten. Vor dem Haus war die Feuerwehr damit beschäftigt, einen Brand zu löschen. Die Flammen schlugen aus dem ersten Stockwerk. Die

Hitze war unerträglich. Ich gesellte mich zu den Gaffern und gaffte.

»Treten Sie ein wenig zurück ... Maloney! Täusche ich mich oder glänzen Ihre Augen beim Anblick des Feuers?«

»Sie täuschen sich. Meine Augen glänzen nur beim Anblick von Polizisten. Was ich schon immer mal wissen wollte und mich nie zu fragen traute: Sind Sie eigentlich der einzige Polizist, den sich diese Stadt noch leisten kann? Wo man auch hinkommt, überall trifft man auf Sie. Oder gibt es mehrere von Ihnen? Vielleicht geklont in einem Versuchslabor? Man hört ja, dass diese Gentechnik auch nicht viel Gescheiteres hervorbringt als die Natur.«

»Wenn es nicht so tragisch wäre, würde ich jetzt vielleicht auf allen vieren herumrutschen und mich kringeln vor Lachen. Aber im Haus hinter uns befindet sich jemand in einer brennenden Wohnung. Sieht übel aus, Maloney.«

»Und weshalb retten Sie die Person nicht?«

»Die Feuerwehr kommt nicht ran. Zu viel Rauchentwicklung. Schon seltsam. Vor zwei Wochen brannte es unten im Laden und jetzt der Brand im ersten Stock.«

»Das ist wie bei der Polizei: Egal, wie schlimm ein Polizist auch ist, es gibt stets einen Vorgesetzten, der noch blöder ist. Das ist ein Naturgesetz. Merke: Es kann stets noch viel schlimmer kommen.«

»Mir ist nicht nach Sprüchen zumute, Maloney. Schauen Sie sich die Leute an. Da fotografieren einige. Andere haben eine Videokamera dabei. Und gerade vorhin versuchte einer aufs Dach zu klettern, um von oben zu filmen. Die Leute werden immer verrückter. Vielleicht greift dieses Ozon die Gehirnzellen an.«

Er kratzte sich an seinem braun gebrannten Schädel. Es dauerte eine ganze Weile, bis der Brand gelöscht war. In den verkohlten Überresten der Wohnung fand die Polizei tatsächlich eine Leiche. Ein Mann, der in seinem Bett lag und offenbar erstickt war.

Ich hatte noch keine konkreten Hinweise gefunden, dass Marthaler seinen Laden selber angezündet hatte. Und die Polizei war damit beschäftigt, die Ursachen des zweiten Brandes zu ermitteln.

»Es war Brandstiftung, Maloney. Ganz eindeutig.«

»Dann war es Mord.«

»Das wissen wir nicht. Vielleicht hat der Tote die Wohnung in Brand gesteckt?«

»Ich dachte, die Leiche sei im Bett gefunden worden?«

»Ja, der Mann hieß Rodriguez. Er arbeitete Schicht und schlief tagsüber. Das kennen Sie ja bestens, Maloney.«

»Ich habe noch nie gehört, dass Leute im Schlaf mit dem Feuerzeug spielen.«

»Es gibt nichts, was es nicht gibt, Maloney.«

Mit diesem Satz, der allenfalls kleine Kinder und Gläubige beeindrucken konnte, ließ er mich stehen. Ich machte mich auf den Weg zu dem Mann, dessen Schuld ich noch immer beweisen sollte. Er machte es mir nicht leicht.

»Rodriguez ist tot?«, fragte Marthaler erstaunt.

»Ja. Jemand hat ein Feuer gelegt.«

»Dieses Schwein.«

»Sie meinen Pfister, Ihren ehemaligen Angestellten?«

»Wen denn sonst? Er will mich endgültig ruinieren. Jetzt will er mir auch noch einen Mord anhängen. Das ist ungerecht.«

»Aber, aber, vergessen Sie nicht, dass wir alle zu den Privilegierten gehören.«

»Da haben Sie auch wieder recht. Aber trotzdem ist es eine Frechheit, einen rechtschaffenen Mann wie mich so anzuschmieren.«

Er lamentierte weiter. Ich verzog mich und besuchte seinen ehemaligen Angestellten. Pfister wohnte in einer kleinen Wohnung. Er war gerade dabei, einem Kind die Windeln zu wechseln. Ich ließ mich dadurch nicht beeindrucken und tat, was ich in solchen Situationen immer tue: die Nase zuhalten.

»Marthaler? Der kann mich mal. Ich habe Wichtigeres zu tun, als mich um dieses Arschloch zu kümmern.«

»Stinkt Ihr Kind immer so penetrant?«

»Man gewöhnt sich dran. Ich arbeite nachts als Hilfspfleger. Erwachsene riechen auch nicht besser.«

»Marthaler verdächtigt Sie, seinen Laden angezündet zu haben.«

»Na und?«

»Er glaubt auch, dass Sie für einen zweiten Brandanschlag verantwortlich sind. Dabei kam ein Mann ums Leben. Rodriguez.«

»Rodriguez ist tot?«

»Ja. Er ist bei dem Brand umgekommen.«

Es klingelte an der Wohnungstüre und Pfister hielt mir den stinkenden Säugling unter die Nase.

»Halten Sie schnell das Kind?«

»Muss das sein?«

»Keine Angst. Der Gestank bleibt höchstens eine Woche in den Kleidern.«

Er ging zur Tür und ich hielt den Kleinen möglichst weit von meiner Nase entfernt in die Luft. Es stank grauenhaft. Pfister kam mit Hugentobler im Schlepptau zurück. Auch er hatte Mühe mit der starken Geruchsentwicklung in dem kleinen Zimmer.

»Du meine Güte, dass ein so kleines Baby so gewaltig stinken kann.«

»Und ich dachte immer, Politiker und Polizisten seien sich allerhand Gestank gewohnt.«

»Sind Sie etwa auch gekommen, weil dieser Arsch namens Marthaler mich verdächtigt?«

»Allerdings«, sagte Hugentobler. »Es gibt Zeugen, dass Sie Herrn Marthaler gedroht haben, seinen Laden anzuzünden.«

»Und weshalb sollte ich die Wohnung von Rodriguez auch noch anzünden?«

»Ja, weshalb sollte er das?«, fragte ich nach.

»Weil er uns auf eine falsche Fährte führen wollte. Ganz einfach, Maloney.«

»Sie sind ja noch blöder als dieser Marthaler.«

»Wenn Sie das nicht zurücknehmen, verhafte ich Sie zusammen mit Ihrem Kind.«

»Nur zu«, sagte ich. »Nehmen Sie das Kind mit. Aber lassen Sie Pfister hier. Ich glaube nicht, dass er der Täter war.«

»Und wieso nicht, Maloney?«

»Das habe ich so im Gefühl.«

»Wenigstens einer, der nicht ganz so bescheuert ist.«

»Jetzt reicht es aber. Ich verhafte Sie, Herr Pfister, auf der Stelle.«

»Sie können mich mal. Kümmern Sie sich um das neue Auto von Rodriguez. Dieser Angeber.«

»Was für ein Auto?«, fragte ich.

»Das Auto von Rodriguez. Das hat der Mann doch gerade gesagt, Maloney.«

»Rodriguez hatte sich letzte Woche einen teuren

Schlitten gekauft. Ich habe ihn zufällig in der Stadt gesehen. Den Wagen hätte er sich nie und nimmer leisten
können.«

»Interessant. Sie glauben also, dass Rodriguez vor seinem Tod zu Geld gekommen ist?«

»Das ist doch Unsinn, Maloney. Dieser Pfister will nur
von sich ablenken.«

»Okay, verhaften Sie mich. Ich schaffe das einfach
nicht mit dieser idiotischen Wickelei.«

Hugentobler zögerte. Ich ging schleunigst nach draußen und atmete einige Male heftig ein und aus. Die Luft
stank beinahe genauso wie jene in Pfisters Wohnung. Offenbar hatte die Hitze dafür gesorgt, dass alles noch viel
schlimmer wurde, als es sowieso schon war. Ich überlegte so lange, bis mir drei gute Gründe einfielen, um
weiter zu atmen. Ich hatte noch einmal Glück gehabt
und ging zurück. In meinem Büro erschien jener Mann,
dem ich den ganzen Schlamassel zu verdanken hatte. Ich
hatte schlecht geschlafen und sah nicht gerade wie ein
Bilderbuchdetektiv aus. Doch das war mir egal, so egal,
wie mir so ziemlich alles egal ist, wenn ich schlecht geschlafen habe.

»Sie haben nur noch bis heute Abend Zeit, um Ihre
Prämie zu kassieren.«

»Sie können mich mal.«

»Darf ich daraus schließen, dass Sie nicht weiterge-
kommen sind?«

»Schließen Sie daraus, was Sie wollen. Am liebsten die
Tür hinter sich.«

»Ich habe schon einiges über Ihre zweifelhaften Er-
mittlungsmethoden gehört. Und ich habe auch gehört,
dass Sie Leute wie mich nicht mögen.«

»Ihre Informanten sind erstklassig, gratuliere.«

»Wenn wir bis heute Abend keine Fakten in den Händen haben, müssen wir die Versicherungssumme an Marthaler auszahlen. Obwohl er ein Verbrecher ist.«

»Das steht nicht fest. Wenigstens vorläufig nicht. Aber in genau drei Stunden werde ich Ihnen die Beweise liefern.«

»Und wie wollen Sie das schaffen?«

»Das dürfen Sie ruhig mir überlassen.«

»Meinetwegen. Aber bitte unterlassen Sie alles, was auch nur den Hauch von Illegalität haben könnte.«

Ich hätte ihm am liebsten einen Hauch meiner Rechten auf die Backe geknallt. Stattdessen blieb ich müde in meinem Stuhl sitzen. Draußen hörte man erstes Donnergrollen. Es war schon gefährlich dunkel am Himmel, als ich beim Ehepaar Marthaler vorsprach.

»Ich hoffe, dass wir bald wieder unsere Ruhe haben«, sagte Frau Marthaler.

»Morgen ist alles vorbei. Morgen werden sie uns das Geld auszahlen.«

»Vielleicht auch nicht«, störte ich die Idylle.

»Was soll das heißen?«, wollte Frau Marthaler wissen.

»Es gibt einen Zeugen. Er hat jemanden beobachtet am Tatort.«

»Na und?«, sagte Herr Marthaler.

»Heute Nachmittag gibt es am Tatort eine Rekonstruktion des Tathergangs. Die Polizei hat einige Spuren gefunden. Sie wissen, was das heißt?«

»Sie wollen meinem Mann Angst machen, Maloney? Das ist lächerlich. Von Ihnen hätte ich etwas mehr Stil erwartet.«

»Passen Sie auf, ich werde Ihnen gleich einen Besenstiel auf den Kopf hauen.«

»So, jetzt reicht es«, sagte Herr Marthaler. »Verschwinden Sie. Ich mag Leute wie Sie nicht. Sie haben meine Frau beleidigt.«

Ich ging, bevor er mir die kümmerlichen Überreste seiner Muskulatur vorführen konnte. Ich zog mich in die Brandruine zurück. Es war kein sonderlich guter Bluff, aber vielleicht war er gut genug. Hugentobler setzte sich skeptisch neben mich. Es entlud sich ein Gewitter, das sich gewaschen hatte. Wir warteten.

»Glauben Sie wirklich, dass Marthaler darauf hereinfällt?«

»Wenn er schuldig ist schon. Und sonst sind wir um eine Erfahrung reicher.«

»Ich bin immer noch für Pfister. Ein Mann mit einem Kind, das so stinkt, hat garantiert Dreck am Stecken.«

»Da. Hören Sie die Schritte? Ich hatte also recht.«

»Vielleicht ist das der Geist von diesem Rodriguez.«

»Halt«, rief ich dem Schatten zu.

»Das ist meine Rolle, Maloney! Halt, stehen bleiben!«

»Mein Gott, haben Sie mich erschreckt«, stammelte Frau Marthaler. »Ich wollte mir unseren alten Laden noch einmal anschauen.«

»Dass ich nicht lache«, sagte ich ohne zu lachen. »Wetten, dass Sie bewaffnet sind, Frau Marthaler?«

»Das wollen wir doch mal sehen, Maloney.«

Er durchsuchte ihre Handtasche und fand einen Revolver. Frau Marthaler setzte sich auf einen verkohlten Tisch. Der Polizist hatte sich alles ganz anders vorgestellt und war deshalb ein wenig irritiert.

»Ich verhafte Sie im Gesetze des Namens.«

»Welchen Namens?«

»Ich gesetze Sie im Verhaften des Namens.«

»Interessante Variante.«

»Ich name Sie im Verhafte des Gesetzes.«

»Kein Wunder werden nicht mal die Hälfte aller Straftäter gefasst. Bis Sie Ihren Spruch zusammen haben, sterben die meisten Täter an Altersschwäche.«

»Ich bin ein wenig verwirrt, Maloney. Egal. Frau Marthaler, im Namen des Gesetzes, weshalb sind Sie hier?«

»Ich habe den Laden angezündet. Mein Mann hätte Konkurs gemacht. Wir hätten unser Haus verloren, alles.«

»Und weshalb musste Rodriguez sterben?«

»Ich habe den Laden angezündet. Mit Rodriguez' Tod habe ich nichts zu tun.«

»Wer zum Teufel hat den zweiten Brand gelegt?«, fragte ich.

»Pfister«, rief Hugentobler triumphierend.

»Unsinn«, sagte ich.

»Ich weiß es nicht«, sagte Frau Marthaler.

»Ich war es.«

Herr Marthaler kam die verkohlte Treppe hoch und blieb schwer atmend stehen.

»Wie bitte?«, fragte Hugentobler.

»Ich habe den zweiten Brand gelegt.«

»Ludwig? Du warst es?«

»Rodriguez hat dich beobachtet bei der Brandstiftung. Er rief mich an und wollte Geld. Ich gab ihm, soviel ich konnte. Aber er wollte mehr. Da hatte ich keine andere Wahl.«

»Unsinn, Marthaler«, sagte Hugentobler. »Man hat immer eine andere Wahl. Das ist wie beim Telefonieren. Wenn's besetzt ist, versucht man es eben mit einer anderen Vorwahl.«

»Hat bei Ihnen der Blitz eingeschlagen?«, fragte ich besorgt.

»Ich hätte nie geglaubt, dass du so weit gehen würdest, Ludwig.« Sie war stolz auf ihren Ludwig und ich war stolz auf mich. Ich kassierte die stolze Prämie und freute mich eine Weile über die vielen Nullen auf meinem Konto. Aber leider besteht ein gravierender Unterschied zwischen den Menschen und dem Geld. Während sich bei den einen die Nullen problemlos vermehren, bleibt vom anderen am Schluss immer nur eine Null übrig. So geht das.

Die Leiche im Moor

Mein Auftrag lautete, eine junge reiche Göre nach Hause zu ihrem Papa zu bringen. Ein Anwalt, der vor lauter Eloquenz beinahe an seinem eigenen Wortschwall zu ersticken drohte, ließ mich zu sich kommen und übergab mir ein Foto und ein paar Informationen. Meinen eigentlichen Auftraggeber bekam ich nicht zu Gesicht. Das war vielleicht auch besser so, denn gewisse Gesichter ertrage ich nicht an einem ganz gewöhnlichen Vormittag. Das Informationsmaterial war ziemlich dünn. Die junge Dame war schon zweimal von zu Hause ausgerissen. Einmal wollte sie sich einem Zirkus anschließen, kehrte dann aber wieder nach Hause zurück, weil es ihr im wahrsten Sinne des Wortes stank, die Tiere jeden Tag zu reinigen. Der zweite Ausreißversuch endete bei der Polizei.

Sie war eine hübsche dunkelblonde Frau, der man ansah, dass sie noch nicht so recht wusste, wo es langgeht im Leben. Ich blätterte die Zeitung durch und erfuhr im Wirtschaftsteil des Blattes, dass der Vater der gesuchten Frau gerade dabei war, eine mittelgroße Detailhandelskette zu schlucken. Leute wie er waren es sich gewohnt, beim Einkaufen gleich den ganzen Laden mit nach Hause zu nehmen. Ich trank eine Kanne Kaffee, um mich ein wenig aufzuwärmen, denn der Anwalt hatte mir gesagt, dass die gesuchte Tochter zuletzt beim Campieren in der Nähe einer Moorlandschaft gesehen wurde. Ich richtete mich darauf ein, von allerlei Stechmücken und anderem Getier belästigt zu werden, und machte mich auf den Weg ins Moor. Bevor ich mich der geballten Ladung Natur auslieferte, machte ich einen Zwischenhalt in einem Restaurant mitten in dem Dorf, das an das Moor grenzte. Der Besitzer des Restaurants wollte allerdings nichts von einer Camperin wissen. Er stützte sich mit beiden Händen auf dem Tisch ab und redete mit einer Sicherheit und Lautstärke, wie sie nur wenigen Leuten eigen ist.

»So etwas gibt es bei uns nicht. Das lassen wir nicht zu. Diese Städter bringen doch nur Unruhe ins Dorf. Wer zu uns kommt, soll im Hotel übernachten.«

»Hat Ihnen eigentlich schon mal jemand gesagt, dass Sie ein ziemlicher Kotzbrocken sind?«

»Ja. Meine Frau, kurz bevor sie abhaute. Mit einem Städter. Und jetzt ist der Kerl arbeitslos und meine Frau geht putzen. So ist das, wenn man hoch hinauswill. Ich sage immer: Was man hat, das hat man.«

Während er dies sagte, schaute er mir tief in die Augen. Offenbar wartete er darauf, dass ich in tosenden Applaus ausbrach oder ihm zu seiner Weisheit gratulierte. Ich trank mein Bier und schwieg. Nichts gegen das Landleben, es gibt auch in der Großstadt genügend Leute wie ihn, aber in der Stadt kann man ihnen besser aus dem Weg gehen. Ich bezahlte und ging. Dann befragte ich noch einige Leute, die mir auf dem Weg zum Moor begegneten. Sie waren alle sehr misstrauisch, bis auf einen jungen Mann, der mich sogleich an eine ziemlich abgelegene Stelle führte. Dort sah man, wie ein paar Männer und Frauen etwas aus dem Moor zogen. Der junge Mann tat geheimnisvoll, er stand neben mir und flüsterte, so als ob er gerade ein Wochenendseminar für Geheimdienstleute absolviert hätte.

»Die haben eine Leiche gefunden.«

»Tatsächlich? Doch nicht etwa eine Frau?«

Ich befürchtete das Schlimmste. Der junge Mann aber ließ sich nicht beeindrucken.

»Wenn ich die Leiche fotografiere, glauben Sie, dass ich dafür Geld kriege von einer Zeitung?«

»Durchaus möglich. Wissen Sie Näheres über die Leiche?«

»Einer der Männer da vorne ist mein Vater. Er ist Arzt. Wir verstehen uns nicht besonders gut. Aber wenn Sie wollen, mache ich Sie mit ihm bekannt.«

Ich sagte ihm, ich würde das ganz krass cool, voll Gas und giga finden. Der Junge war von meinem modernen Wortschatz so beeindruckt, dass er mir am liebsten seinen Gameboy geschenkt hätte. Ich verzichtete darauf und stapfte Richtung Leichenfundort. Je näher ich kam, umso höher wurde meine Pulsfrequenz. Eine Frage hämmerte durch meinen ganzen Körper: Lag da vorne die Frau, die ich suchte? Mich trennten nur noch ein paar Schritte von der Antwort.

Ehe ich mich genauer umsehen konnte, war die Polizei zur Stelle und sperrte alles großräumig ab. Ich hatte in Erfahrung bringen können, dass die Leiche im Moor ein Mann war. Das war immerhin etwas. Danach machte ich mich auf den Weg zurück ins Dorf. Schließlich war es nicht meine Aufgabe, unbekannte Leichen zu identifizieren, solange sie für meinen Klienten nicht relevant waren. Ich traf auf eine alte Frau, deren Gesicht ein zerklüftetes Gebirge mit einer großen Vergangenheit war. Die Frau schaute zum Himmel, so als wollte sie den großen Regengott um ein paar Tropfen bitten. Sie bekreuzigte sich und stieß einen Seufzer aus, der klang, als habe er dreißig Jahre lang darauf gewartet, endlich herauszukommen. Ich stellte mich neben die Frau und fragte sie, ob ihr Verhalten etwas mit der Leiche im Moor zu tun habe. Die Frau schaute wieder nach oben und wiegte den Kopf hin und her.

»Es musste kommen, es musste kommen. Etwas Schreckliches ist geschehen. Die Strafe kommt immer. Es gibt für alles eine Strafe.«

»Wovon reden Sie, gute Frau? Ist Ihnen vielleicht eine junge Frau aufgefallen, die hier beim Moor campiert hat?«

»Das Moor verzeiht niemandem. Das Moor wird uns alle bestrafen.«

Die Frau redete weiter wirres Zeugs. Vermutlich war sie in ihrem Leben zu häufig von Stechmücken gestochen worden. Ich ging in das Hotel, wo ich mich einquartiert hatte und wollte mich ein wenig hinlegen. Doch noch bevor ich mich verziehen konnte, kam eine junge Frau auf mich zu. Sie hielt mir ihren Presseausweis unter die Nase und stellte sich als Karin Hölzl vor. Das beeindruckte mich keineswegs, die Frau ließ nicht locker und bugsierte mich schließlich an einen Tisch.

»Sie sind doch Privatdetektiv, nicht wahr?«

»Maloney ist mein Name. Wollen Sie ein Portrait über mich schreiben?«

»Irgendetwas ist faul in diesem Dorf.«

»Schon möglich.«

»Haben Sie schon gehört, dass man im Moor eine Leiche gefunden hat?«

»Tatsächlich? Ehrlich gesagt interessiert mich das alles nicht.«

»Sie suchen eine junge Frau, die beim Moor campiert hat, nicht wahr?«

»Wie kommen Sie darauf!«

»Wagner hat es mir gesagt.«

»Wer ist Wagner?«

»Der ehemalige Gemeindepräsident. Er hat die Frau gesehen und herausgefunden, wer sie ist. Er wollte nicht, dass der reiche Papa Wind davon kriegt und legte der schönen Tochter nahe, zu verschwinden. Sind Sie noch immer nicht bereit, mit mir zusammenzuarbeiten?«

Die Frau wusste eine ganze Menge. Es war beeindruckend. Ich tat dennoch so, als ob mich das alles nichts angehen würde, doch ich spürte, dass Karin Hölzl nicht darauf hereinfiel. Die Frau war in Ordnung. Trotzdem zog ich es vor, mich alleine auf den Weg zu machen. Der ehemalige Gemeindepräsident Wagner wohnte in einem Haus, das eine Mischung aus Bauernhof und Fertigbauhaus war. Es öffnete niemand, als ich klingelte. Ich spazierte einmal ums Haus, dann sah ich ihn. Sein Körper baumelte in der Diele. Es war kein schöner Anblick. Offenbar hatte sich der ehemalige Gemeindepräsident freiwillig aus dem Leben verabschiedet.

Ich verzog mich, bevor ich der Polizei unangenehme Fragen beantworten musste. Unterwegs traf ich Karin Hölzl. Ich erzählte ihr vom toten Herrn Wagner und sie lieferte mir einen kurzen Abriss der jüngeren Dorfchronik. Offenbar gab es einige geheimnisvolle Ereignisse, über die niemand im Dorf reden wollte und die dennoch über dem Dorf hingen wie eine schwere Dunstglocke, die einem den Brustkasten zusammenschnürte. Ich ging zusammen mit Frau Hölzl in ein Zeitungsarchiv und wir blätterten ein paar Stunden in alten Zeitungen, bis wir auf eine interessante Spur stießen.

»Hier. Sehen Sie, da steht etwas von einem Mann, der offenbar spurlos verschwunden ist.«

Sie gab mir den Artikel und ich las ihn aufmerksam durch. Ein Student, der sich ein paar Tage im Dorf aufgehalten hatte, war spurlos verschwunden. Es gab Gerüchte darüber, dass er im Moor ertrunken sei. Frau Hölzl blickte mich strahlend an. Ich sagte ihr, ich hätte Wichtigeres zu tun, als nach verschwundenen Studenten zu suchen, schließlich hatte ich noch immer keinen Anhaltspunkt, wo die Tochter meines Klienten zu finden war. Ich ging zurück ins Hotel. Doch auch diesmal schaffte ich es nicht bis nach oben in mein Zimmer. Am Empfang stand ein dicker Mann, der nach vierzig Jahren Schwerstarbeit roch. Er reichte mir den Telefonhörer und brummte etwas, das nach »für Sie« klang. Ich sagte meinen Namen in die Muschel und hörte eine ängstliche Frauenstimme.

»Sie sind doch Detektiv?«

»Ja. Aber ich arbeite nicht für jeden und jede.«

»Ich kann Ihnen alles sagen, alles.«

»Alles? Wie heißt die Hauptstadt von Burundi?«

»Bujumbura.«

»Toll. Kostet das jetzt auch so viel wie bei der Auskunft?«

»Ich kann Ihnen noch viel mehr sagen. Über diesen Studenten, den sie aus dem Moor gezogen haben.«

»Soweit ich informiert bin, wurde die Leiche noch nicht identifiziert.«

»Alle im Dorf wissen, dass es seine Leiche ist. Wußten Sie, dass er Biologie studierte und im Moor Untersuchungen machte?«

»Nein. Aber was hat das alles mit seinem Verschwinden zu tun?«

»Sehr viel. Aber das möchte ich Ihnen unter vier Augen erzählen. In zwei Stunden? Geht das in Ordnung?«

Sie gab mir ihre Adresse. Es war einer der Höfe, die etwas außerhalb des Dorfes lagen. Ich vertrieb mir die Zeit mit einem kleinen Nickerchen. Die Tochter meines Klienten hatte offenbar keine Spuren im Dorf hinterlassen, und es deutete auch nichts darauf hin, dass sie noch im Dorf zu finden war. Eigentlich bestand kein Grund, noch länger in dem Kaff zu verweilen, aber meine Neugier sagte mir, dass es besser ist, einer ängstlichen Frau zuzuhören, als an einem scheinbar hoffnungslosen Fall herumzudoktern. So besuchte ich die Frau, die so viel über den verschwundenen Studenten wusste. Doch an ihrer Stelle traf ich auf einen knorrigen Mann, der mir wahrscheinlich am liebsten eine Mistgabel in den Bauch gesteckt hätte.

»Meine Frau? Ist nicht da.«

»Aber ich habe gerade mit ihr telefoniert.«

»Telefoniert? Das ist unmöglich. Meine Frau ist zur Kur. Muss sich erholen.«

»Beim heiligen Traktor, wenn das keine Lüge ist, guter Mann.«

»Ich lüge nicht! Nie! Meine Frau ist zur Kur. Hat sich zu sehr mit anderen Dingen als mit der Arbeit beschäftigt. Das kommt nie gut heraus. Zuerst interessieren sich die Frauen für Bücher, dann für Politik und ehe man sich's versieht, hocken sie in Bern, und wir können schauen, wie wir mit dem Hof zurechtkommen.«

»Ich kann es keiner Frau verübeln, wenn sie es nicht mehr bei Ihnen aushält. Aber Ihre Frau hat sich mit mir verabredet, hier auf dem Hof.«

»Das ist unmöglich. Da hat sich jemand einen Streich erlaubt.«

Der Mann machte mir klar, dass er mich nicht länger auf seinem Hof dulden würde. Ich verzog mich und setzte mich auf eine Parkbank. Langsam, aber sicher begann ich mich auch für den verschwundenen Studenten zu interessieren. Offenbar war in dem Dorf tatsächlich etwas oberfaul.

Als ich wieder in mein Hotel zurückkam, erwartete mich der Anwalt, dem ich meinen Aufenthalt am Moor zu verdanken hatte. Er hielt ein Handy an sein Ohr gepresst und ich wünschte mir, dass möglichst viele Mikrowellen sein Gehirn umkreisen und für allerlei Unruhe sorgen würden. Es dauerte noch ein paar Minuten, bevor er seine Aufmerksamkeit mir schenkte.

»Haben Sie überhaupt schon etwas herausgefunden? Ich habe Herrn Weber von Anfang an gesagt, dass das hinausgeworfenes Geld ist.«

»Immer noch besser, als das Geld einem Anwalt hinten reinzuschieben.«

»Sie können die Übung abblasen. Das Töchterchen ist wieder aufgetaucht. Sie hatte sich in einen Surflehrer verliebt, der sich während der ersten Liebesnacht in einen wasserscheuen Möchtegernpoeten verwandelt hat. Und wie Sie sich vielleicht denken können, mögen Töchter aus gutem Haus eher was Handfestes. Kultur haben die zu Hause genug.«

»Ihnen hat man wohl die Klischees auch gleich bei der Geburt ins Gehirn gepflanzt?«

»Wie meinen Sie das?«

Ich winkte ab. Es gibt nichts Langweiligeres, als bornierten Anwälten zu erklären, was Sache ist. Er übergab mir einen Check. Er war hübsch anzusehen. Es war an der Zeit, wieder ein kleines Nickerchen zu machen. Aber die gute Frau Hölzl hatte etwas dagegen einzuwenden. Sie stürmte auf mich zu und zerrte mich aus dem Hotel. Draußen rang sie nach Atem und fuchtelte mit den Händen herum.

»Schnell! Kommen Sie. Ich habe eine Frau gefunden, die in einer Scheune eingesperrt wurde. Sie sagt, dass sie mit Ihnen sprechen will. Sie habe mit Ihnen telefoniert und dann sei sie von ihrem Mann und zwei anderen Männern verschleppt worden.«

»Du meine Güte. Auf dem Land geht es ja ganz schön wild zu und her.«

»Kommen Sie endlich. Vielleicht weiß sie etwas über den Mord.«

Ich hatte keine andere Wahl, als ihr zu folgen. Die Scheune war in einem erbärmlichen Zustand und der Frau, die darin saß, ging es nicht viel besser. Es dauerte eine Weile, bis sie fähig war, mehr als nur Gestammel über die Lippen zu bringen. Offenbar hatte man ihr ein ziemlich starkes Beruhigungsmittel eingeflößt. Frau Hölzl hatte Kaffee organisiert. Die Frau spuckte das meiste wieder aus, aber offenbar half es, sie wieder einigermaßen wachzukriegen. Sie kam gleich zur Sache.

»Der Student hatte damals vor, eine Arbeit über das Moor zu schreiben. Eher zufällig hat er dabei mitbekommen, dass im Dorf der Plan herumgeisterte, das Moor stillzulegen und für eine Großüberbauung zu nutzen. Er begann Fragen zu stellen. Es ging um sehr, sehr viel Geld, und fast alle im Dorf waren daran beteiligt.«

»Woran waren sie beteiligt? Am Mord?«

»Am Gewinn. Falls es Gewinn geben sollte. Eines Tages gab es eine geheime Versammlung im Dorf. Dabei wurde bestimmt, wer den Studenten umbringen soll. Mehr weiß ich nicht. Ich weiß nur, dass jetzt alle Panik haben, weil die Leiche gefunden wurde und dadurch alles wieder an die Oberfläche gezerrt wird.«

»Und was ist mit der Überbauung geschehen?«

»Der Plan erwies sich als nicht rentabel.«

Frau Hölzl nahm die Frau zu sich, nicht ohne vorher einige Fotos in der Scheune zu knipsen. Journalisten haben etwas im Blut, das sie zu Blutsaugern prädestiniert. Mich würde es nicht wundern, wenn Graf Dracula eines Tages wieder auftaucht, um für eine Tageszeitung zu schreiben. Ich wusste nicht so recht, was ich von der Geschichte halten sollte. Wenn sie stimmte, gab es in dem Dorf einen Mörder, der seit fünfzehn Jahren unbehelligt war. Und das allein war ein guter Grund, am Ball zu bleiben.

Ich besuchte den knorrigen Kerl, der seine Frau unschädlich machen wollte. Er wollte mich zuerst nicht in die gute Stube lassen. Ich drohte ihm, die Scheune anzuzünden. Das half. Es war nicht mehr viel übrig geblieben von seinem selbstherrlichen Auftreten. Er wirkte jetzt wie ein Boxer, der eingesehen hat, dass er im Ring keine Chance mehr hat. Er wollte nur noch einigermaßen ungeschoren davonkommen.

»Ich musste es tun. Das war so abgemacht.«

»Was war abgemacht? Dass Sie den Studenten umbringen?«

»Nein. Das war ich nicht. Das war Wagner.«

»Der ehemalige Gemeindepräsident? Hat er sich deswegen umgebracht?«

»Ja. Auch das war so abgemacht.«

»Was haben Sie denn noch alles abgemacht?«

»An der Versammlung damals wurde gelost. Wagner verlor. Wir schworen uns, dass wir dichthalten würden. Niemand konnte damals ahnen, dass aus dem Großprojekt nichts werden würde. Unser Dorf war schon immer arm dran. Wenige Bauzonen, wenig Steuereinnahmen, und die Jungen zogen weg, so schnell sie konnten. Es ging ja alles ganz gut, bis die Leiche aus dem Moor gezogen wurde. Da sind wir alle unruhig geworden.«

»Wer war alles beteiligt an jener Versammlung?«

»Alle. Alle im Dorf, die etwas zu sagen hatten. Wissen Sie, wir hatten alle nur noch das große Geld vor Augen. Heute kann ich selber nicht mehr verstehen, was wir damals gemacht haben.«

Ich ließ den Bauern stehen und ging zurück ins Hotel. Frau Hölzl war gerade dabei, ihre Story an eine große Illustrierte zu verkaufen. Ich machte mich so schnell es ging aus dem Staub. Ich hatte keine Lust, in der Illustrierten abgebildet zu werden. So viel Publizität ist in meinem Geschäft nicht gerade förderlich. Ich telefonierte in meinem Büro mit der Polizei und verabredete einen Termin. Man empfing mich freundlich, aber nicht ohne zu fragen, ob ich eine offizielle Lizenz hätte oder nicht. Ich zeigte dem Beamten den Wisch. Er lächelte und wies mich an zu warten. Zehn Minuten später tauchte Hugentobler auf.

»Na Maloney, und was haben Sie mir und meinen Kollegen mitzuteilen?«

»Einen Mord. Und auch gleich die Aufklärung.«

»Sehr schön. Und wo ist der Mord geschehen?«

Ich nannte ihm das Dorf und erklärte ihm die Umstände, die dazu geführt hatten, dass ich in dem Dorf ermittelte. Er hörte interessiert zu.

»Und wann ist der Mord geschehen?«

»Vor über fünfzehn Jahren. Ein Student. Er wurde im Moor versenkt. Jetzt liegt er irgendwo bei Ihnen in der Kühlkammer.«

»Eine Moorleiche?«

»Genau.«

»Moment mal. Da hatten wir doch etwas. Na klar. Aber das muss ein Irrtum sein.«

»Ist kein Irrtum. Ich kann Ihnen den genauen Tathergang schildern.«

»Kommen Sie mit, Maloney.«

Er führte mich in den Keller. Dort war es angenehm kühl. Ein älterer Mann, der freundlich lächelte, kam auf uns zu. Hugentobler flüsterte dem Mann etwas ins Ohr. Dann gab mir der ältere Mann durch ein Handzeichen zu verstehen, ich solle ihm folgen. In einem kleinen Raum, wo es noch ein paar Grad kühler war, lag die Moorleiche. Der ältere Mann schaute den Leichnam liebevoll an. Offenbar hatte ich es mit einem echten Nekrophilen zu tun.

»Das hier ist die Leiche, die wir aus dem Moor gezogen haben.«

»Was spricht dagegen, dass es dieser Student ist? Sieht man der Leiche etwa den IQ an?«

»Dieser Körper lag über 200 Jahre im Moor. Vielleicht auch länger.«

Das saß wie ein Hammerschlag. Er erklärte mir ausführlich, woran man das Alter der Leiche bestimmen konnte. Die Leute im Dorf hatten gar keinen Anlass gehabt, in Panik auszubrechen. Der Student lag noch immer im Moor und vielleicht würde man ihn auch erst in 200 Jahren da rausziehen. Mir konnte das egal sein. Ich hatte meinen Job gemacht und konnte mich wieder anderen Dingen widmen. So geht das.

Die nassen Hosen

Es gibt Leute, die sind so berühmt, dass sie es sich leisten können, schrecklich auszusehen. Dies trifft vor allem auf Rockmusiker zu. Einer davon stand an diesem Nachmittag in meinem Büro. Er trug Jeans mit Löchern drin, und an seinem linken Ohr baumelte ein seltsamer Anhänger. Der Mann war um die dreißig, doch er versuchte mit jedem Atemzug, zehn Jahre jünger zu wirken. Es waren lächerliche Versuche.

»Ich nehme an, dass Sie schon mal von mir gehört haben.«

»Ja, aber nichts Gutes. Ihre Musik soll schrecklich laut sein.«

»Allerdings. Wir sind die härteste Band der Neuzeit. Klingt gut, nicht? Der Spruch stammt von mir. Wenn ich nicht Musiker geworden wäre, hätte es mich zur Werbung hingezogen.«

»Das kann ich mir gut vorstellen. In der Werbung gibt es ähnliche Typen wie Sie. Alles, was die machen und in den Mund nehmen, ist drei Schuhnummern zu groß. Wie heißen Sie eigentlich?«

»Ich bin Axel Hose. Der Frontmann der Band *Die nassen Hosen.*«

»Du meine Güte, Bettnässer sind Sie auch noch? Genügt es denn nicht, wenn Sie aus unerklärlichen Gründen dazu getrieben werden, Musik zu machen?«

»So kommen wir nicht ins Geschäft, Maloney. Obwohl ich eine Vorliebe für eigensinnige Typen habe. Ich war auch immer eigensinnig. Im Kindergarten wollte ich als einziger immer Frösche aufstechen.«

»Offenbar sind Sie als Säugling zu oft aus dem Bett gekippt. Deshalb sehnen Sie sich jetzt nach ständigen Höhenflügen.«

»Wenn Sie wüssten, Maloney. Es ist tatsächlich verdammt einsam ganz oben.«

»Das hat Reinhold Messner auch immer behauptet, bis man ihn dabei erwischt hat, wie er es ganz oben mit einer Yeti-Dame getrieben hat.«

»Leider kann ich nicht mitlachen bei Ihren Scherzen. Es ist mir nämlich ernst. Ich habe Angst.«

»Und wieso verarbeiten Sie diese Angst nicht einfach zu einem neuen Song?»

»Das geht nicht. Wir sind mitten auf einer großen Tournee, da kann ich keine Songs schreiben.«

»Und wovor haben Sie Angst? Vor Ihren Fans?«

»Nein. Jemand bedroht mich. Schon seit Monaten. Mit Briefen, Anrufen, Schmierereien auf meinem Wagen. Langsam bin ich mit den Nerven fertig.«

»Und was macht die Polizei?«

»Die soll meinetwegen machen, was sie will, aber ohne mich. Ich habe früher mal gesessen. Wegen Autodiebstahl. Ein lächerliches Delikt. Mein Auto wurde schon dreimal gestohlen. Ich habe noch nie Anzeige erstattet.«

»Sie können sich das leisten. Eigentlich könnten Sie sich auch ein paar tausend Leibwächter leisten.«

»Die lösen das Problem nicht, Maloney. Ich möchte wissen, wer mich bedroht. Und Sie sollen das für mich herausfinden.«

»Nur, wenn ich dafür nie an eines Ihrer Konzerte gehen muss.«

»Meinetwegen. Aber so schlecht sind wir gar nicht. Wir haben auch Fans in Ihrer Alterskategorie.«

»Mag ja sein. Aber ehrlich gesagt, auch Kuhmist hat seine Anhänger. Deswegen brauche ich noch lange nicht jedem Dreck hinterher zu laufen.«

»Ich sehe schon, Sie sind hartnäckig. Das gefällt mir. Also, machen Sie einen Vertrag. Ist mir egal, was Sie kosten. Aber Sie müssen mir diesen Irren vom Leib halten. Ich möchte nicht wie John Lennon enden.«

Er holte aus seiner Jacke eine Ladung Tabletten, die sich bei genauerem Hinsehen als Vitaminpräparate entpuppten. Er bot mir auch ein paar an, ich lehnte ab. Schließlich lebt unsereins gerne gefährlich. Und es ist bis heute statistisch nicht nachweisbar, dass Privatdetektive ihre Fälle dank Vitaminen besser lösen, es sei denn durch das ganz spezielle Vitamin B, das man aber nicht in Apotheken kaufen kann. Axel Hose kratzte sich an derselbigen und gähnte laut vor sich hin.

»Das ist gut für die Backenmuskulatur. Hilft beim Singen. Sie können sich gar nicht vorstellen, wie anstrengend eine so große Tournee ist. Das geht ganz schön in die Knochen.«

»Ab heute wird sie noch etwas anstrengender. Ich werde Ihnen nämlich eine kugelsichere Weste besorgen.«

»Aber das geht doch nicht. Ich muss auf der Bühne meine Brust zeigen. Das erwarten meine Fans von mir.«

»Was sind denn das für perverse Leute?«

»Glauben Sie, dass er mich mitten auf der Bühne erschießen könnte?«

»Warum nicht? Wenn Sie im Scheinwerferlicht herumzappeln, sind Sie eine ideale Zielscheibe.«

»Gibt es keine durchsichtigen kugelsicheren Westen?«

Er suchte nachdenklich nach einer besseren Lösung, fand aber keine. Ich sagte ihm, dass er die Weste auf jeden Fall überleben würde, was ich ihm beim Nichtgebrauch nicht garantieren könne. Das überzeugte ihn. Wir ließen uns von seinem Chauffeur ins Hotel fahren. Dort wollte mir Axel Hose die Drohbriefe zeigen. Ich wartete in der Hotelhalle, während er in seinem Zimmer nach den Beweismitteln suchte. Da erschien plötzlich ein älterer Mann neben mir an der Bar.

»Sind Sie der Mann, der Axel Hose beschützen soll?«

»Sind Sie von der Presse, oder was?«

»Es gibt da ein kleines Problem. Kommen Sie bitte mit. Axel ist oben in seiner Suite.«

Der Mann hatte die Manieren eines Butlers und das Aussehen eines Buchhalters oder Steuerhinterziehers. Die konnte ich nie so genau voneinander unterscheiden. Ich ging artig hinter ihm her. Schließlich landeten wir in der besagten Suite. Axel stolperte wie in Trance in dem riesigen Raum herum. Mitten drin lag ein Mann in einer Blutlache. Der Butler deutete auf den gekrümmten Körper.

»Das ist Gordon Jim Gabathuler, der Schlagzeuger der nassen Hosen.«

»Es sieht ganz danach aus, als habe ihn der Schlag getroffen.«

»Erschossen. Man hat ihn erschossen! In meiner Suite! Wissen Sie, was das heißt, Maloney?«

»Sicherlich werden Sie es mir gleich sagen.«

»Axel glaubt, dass das ihm gegolten hat.«

»Aber, aber, muss sich der Mann immer so wichtig nehmen?«

»Sie verstehen das nicht, Maloney. Ich fühle mich

schon lange bedroht. Und jetzt das hier. Ich glaube, ich muss kotzen.«

»Dann werde ich solange wieder an die Bar gehen.«

»Tun Sie das, ich kümmere mich um Axel.«

Er stieg über die tote nasse Hose hinweg und umarmte die nasse Hose, die noch lebte. Es war ein rührender Anblick. Wäre da nicht die Leiche zwischen mir und den beiden gewesen, hätte das alles auch aus einer dieser schwachsinnigen Seifenopern stammen können. Doch Blut war keine Seife und die Musik von Axel Hose hatte mit einer Oper nur eines gemeinsam: Sie gefiel mir ganz und gar nicht.

Axel Hose trank mehrere Liter eines Aufbaugetränks, um nicht umzukippen. Sein Gesicht nahm dabei eine gefährlich grünliche Farbe an. Ich ging in den Nebenraum und kümmerte mich um die Polizei.

»Neun Millimeter. Glatter Durchschuss, Maloney. Der Mann hatte keine Chance.«

»Wenn ich Sie wäre, würde ich das Hotel abriegeln.«

»Wieso? Glauben Sie etwa, dass der Täter noch hier ist?«

»Nein, aber wenn sich die Nachricht vom Tod dieses Schlagzeugers verbreitet, wird hier gleich die Hölle los sein.«

»Schon gut, Maloney. Ich glaube nicht, dass die Fans ein Problem werden. Diese Stars sind heute so abgeschirmt, dass nicht mal eine Grippewelle bis zu ihnen durchdringt.«

»Dieser Axel Hose glaubt, dass der Mord ihm galt.«

»Ja, das hat mir Herr Knecht auch schon erzählt.«

»Knecht? Ist das dieser nette Mann mit den guten Manieren?«

»Sie kennen Knecht nicht? War früher mal ein ganz

großer Gitarrist. Das waren noch Zeiten. 50er Jahre. Dieser Knecht war eine wilde Sau, Maloney. Tut mir Leid, aber meine Frau sagt das immer, sie hat damals für ihn geschwärmt.«

»Knecht war ein Rockmusiker?«

»Und was für einer. Die Mütter haben damals ihre Töchter in die Waschküche gesperrt, wenn Knecht in der Stadt auftrat. Ein Glücksfall, Maloney.«

»Wieso war das ein Glücksfall?«

»Ich wurde damals von meinem Vater ebenfalls in die Waschküche gesperrt. So habe ich meine Frau kennen gelernt. Eigentlich war dieser Knecht daran schuld.«

Er schwärmte von den guten alten Zeiten, während ich mir den Kopf kratzte und mich darüber wunderte, wie aus einem Kerl wie Knecht der Knecht von heute werden konnte. Ich ging zu meinem Klienten, der trotz der riesigen Mengen an Vitaminen, die er täglich schluckte, noch einigermaßen wohlauf war.

»Umbringen will er mich, umbringen.«

»Langsam, langsam. Wer will Sie umbringen?«

Er drückte mir ein Papier in die Hand.

»Das ist einer der Drohbriefe. Was nützt mir die alberne schusssichere Weste, wenn mir dieser Kerl das Gehirn aus dem Kopf blasen will?«

»Davon steht hier aber nichts.«

»Ich bin nicht berühmt geworden, um berühmt zu sterben, Maloney. Ich möchte noch ein paar Jahrzehnte Leben. Das ist mein gutes Recht.«

Er zog sich in einen der labyrinthartigen Gänge des Hotels zurück. Ich stand eine Weile ratlos herum. Dann tauchte Knecht auf und kam auf mich zu. Auch jetzt, wo ich es wusste, sah der Kerl noch immer nicht nach einem ehemaligen Rockmusiker aus.

»Das ist eine ernste Angelegenheit, Maloney. Dieser verrückte Fan will Axel umlegen. Verstehen Sie?«

»Vorerst gibt es keinerlei Hinweise darauf, dass der Drohbriefschreiben auch der Mörder des Schlagzeugers ist. Vielleicht stammen die Briefe von einer eifersüchtigen Frau?«

»Nein. Nicht in diesem Ton. Ich habe früher auch manchmal Drohbriefe erhalten. Aber das waren fast ausschließlich Männer. Die waren eifersüchtig, Sie verstehen?«

»Interessant. Dann wäre es vielleicht nützlich, von Axel die Namen seiner Freundinnen zu erhalten. Ich würde vorschlagen, wir beginnen bei den letzten 200.«

»Axel hat keine Freundinnen.«

»Na, na, ganz so einsam wird er sich nicht durch die Nächte schlafen. Und für irgendetwas müssen doch all die Vitamine gut sein.«

»Es geht Sie zwar nichts an, aber ich werde es Ihnen trotzdem sagen: Axel hat keine Freundinnen, weil er mich hat.«

Er ließ seine Worte durch das gesamte Hotel schweben und schaute ihnen träumerisch nach. Ich begriff, was er mir mitteilen wollte, sagte ihm, dass uns das auch nicht viel weiterbringen, und er nickte verständnisvoll. Er sah noch immer nicht wie ein alter Rocker aus. Selbst Polo Hofer hätte sich über ihn kaputtgelacht. Und der war auch nicht mehr der Jüngste.

»Vielleicht hilft Ihnen diese Adresse weiter. Das ist einer der verrücktesten Fans von Axel. Einer, der ziemlich wirr ist im Oberstübchen. Der läuft zum Beispiel den ganzen Tag in nassen Hosen herum. Hat sich schon zweimal eine Lungenentzündung geholt. Und einmal ist er im Winter auf einer Parkbank festgefroren.«

»Ich weiß nicht. Ein Hotelbesucher in nassen Hosen wäre sicher aufgefallen.«

»Vielleicht trug er einen Mantel darüber. Oder sonst etwas. Ist ja nur eine Vermutung. Kümmern Sie sich darum. Axel bezahlt Sie schließlich dafür.«

Ich sah keine Veranlassung, meine altruistische Ader anzustechen. Es genügte ganz einfach, an die Büromiete zu denken, um mich auf Trab zu halten. Der Fan hauste in einer Bude, die voll geklebt war mit Axel Hose. Und der Kerl trug tatsächlich eine nasse Hose. Ich gab mir Mühe, nicht loszubrüllen. Es fiel mir schwer. Ich tat, was ich in solchen Situationen immer tue: an todernste Sachen denken und jedes Grinsen heroisch unterdrücken wie ein Priester seine Libido.

»Ja, ich liebe Axel und seine Musik. Aber irgendwo tief hier drin, weiß ich, dass er ein Arschloch ist. Aber sind wir tief drin nicht alle Arschlöcher, was meinen Sie?«

»Ich würde auf weiter unten tippen.«

»Was wollen Sie eigentlich von mir?«

»Darf ich mal kurz etwas auf dieser Schreibmaschine tippen?«

»Meinetwegen.«

Wie ein Adler zielte ich mit meinem Zeigefinger auf die Beute, respektive: auf den Buchstaben R.

»Verblüffend. Beim R ist der obere Bogen gespalten. Genau wie auf dem Drohbrief. Junger Mann, das sieht übel aus.«

»Ich weiß, aber ich kann mir keine bessere Maschine leisten.«

»Darum geht es nicht. Auf dieser Maschine wurden die Drohbriefe getippt, die Axel erhalten hat.«

»Ich habe die Maschine einem anderen Fan von Axel abgekauft. Ich schreibe keine Drohbriefe.«

Er blieb seelenruhig. So ruhig, dass ich ihm beinahe glaubte. Aber eben nur beinahe. In meinem Büro erwartete mich die Polizei. Das hatte, wie immer, nicht viel Gutes zu verheißen.

»Schlechte Nachrichten, Maloney. Während Sie sich vergnügt haben, ist auf diesen Axel geschossen worden.«

»Der arme Kerl, jetzt wird er dann doch noch in einem Atemzug mit all den anderen Jungverstorbenen genannt werden.«

»Axel lebt noch. Er trug eine kugelsichere Weste. Eine Kugel ist abgeprallt und hat seinen Freund, diesen Herrn Knecht, schwer verletzt.«

Ich erfuhr, dass die Schüsse fielen, als ich gerade bei dem verrückten Fan vorsprach, und dieser dadurch ein nahezu perfektes Alibi hatte. Offenbar war also doch noch jemand anders im Spiel.

Ich besuchte den alten Rocker Knecht im Spital. Auch als Verletzter sah er nicht aus wie ein ehemaliger Rockstar. Langsam richtete er sich in seinem Bett auf. Er blieb auch mit schmerzverzerrtem Gesicht freundlich wie immer.

»Ich glaube, dass er etwas gesagt hat, bevor er schoss: ›Gib mir das Geld, Axel‹.«

»War es ein Überfall?«

»Nein. Ich werde nicht richtig schlau aus dem Satz. Gib mir das Geld, Axel. Und dann schoss er. Können Sie das verstehen, Maloney?«

»Nein. Aber es gibt für beinahe alles eine Lösung. Und für den Rest gibt es immerhin noch eine ganze Menge an Religionen und anderem Hokuspokus.«

»Passen Sie auf Axel auf. Er ist mit den Nerven ziemlich fertig.«

Ich nahm mir seine Worte zu Herzen. Es tat höllisch weh. Dann besuchte ich meinen Klienten. Er war im Fitnessraum des Hotels und suckelte an einer Flasche Mineralstoffe herum.

»Eine Stimme? Nein, ich habe nichts gehört. Wenn ich mit meinem Freund zusammen bin, schalte ich das Hörgerät jeweils aus. Wir verstehen uns auch ohne viele Worte.«

»Ihr Freund sagte, der Täter habe gerufen: ›Gib mir das Geld, Axel.‹ Wissen Sie, was er damit gemeint haben könnte?«

»Nein. Aber das ist auch nicht mehr so wichtig. Ich glaube nicht, dass er mir noch etwas antun wird.«

»Wie kommen Sie darauf!«

»Intuition. Ich habe seit ein paar Stunden wieder ein wirklich gutes Gefühl, wenn ich an die Zukunft denke. Die Sache ist erledigt. Meinetwegen brauchen Sie nicht mehr herumzuschnüffeln.«

Axel Hose begann mich zu nerven. Und das war schon ein guter Grund, weiter herumzuschnüffeln. Ich ging zur Polizei. Dort ließ ich die Schriftprobe des Fans genauer analysieren.

»Dieselbe Maschine, Maloney. Wir haben uns diesen jungen Mann vorgeknöpft. Er behauptet, dass er die Maschine erst kürzlich erworben hat.«

»Aber von wem?«

»Heinz Portmann.«

»Na, dann nichts wie hin zu diesem Portmann.«

»Nur nicht so eilig, Maloney. In zehn Minuten ist Feierabend. Ich schlage vor, dass ich diesen Portmann für morgen früh aufs Revier bestelle.«

»Das könnte Ihnen so passen. Ich vermute, dass der Kerl heute noch abhauen wird.«

»Immer diese Eile, Maloney. Dabei sollten Sie doch wissen, dass in diesem Land alles seine Zeit braucht.«

Er zog widerwillig seinen Mantel an und fuhr mit mir zu Portmann. Unterwegs im Auto summte er die Titelmelodie der Pink-Panther-Serie so grässlich falsch, dass sich vor Scham alle Kotflügel in der näheren Umgebung verbeugten. Er nahm es gelassen hin. Portmann stieg aus einem frischlackierten Sportwagen. Wir folgten ihm ins Haus. Die Wohnung war voll gestopft mit neuen Möbeln, die zum Teil nicht mal ausgepackt waren.

»Haben Sie im Lotto gewonnen, Herr Portmann?«, fragte ich höflich.

»Das geht Sie doch nichts an.«

»Ich bin von der Polizei. Und das hier ist Philip Maloney. Der Name wird Ihnen zwar nichts sagen, aber der Form halber möchte ich ihn erwähnen.«

»Sie haben das Geld also doch noch gekriegt?«

»Welches Geld?«

»Jetzt hören Sie aber auf, Portmann. Leute wie Sie haben bei uns auf dem Präsidium schon auf den Knien nach einer Tasse lauwarmem Kaffee gefleht. *Sie* werden wir auch noch so weit bringen.«

»Nur nicht übertreiben«, sagte ich.

»Wir haben den Beweis, dass Sie auf einer Reiseschreibmaschine, die Ihnen gehörte, Drohbriefe an Axel Hose geschrieben haben.«

»Und ich wette, wir werden hier in diesem neumodischen Gerümpel auch die Waffe finden, mit der Sie den Schlagzeuger getötet haben.«

»Schon gut. Meinetwegen. Soll doch die ganze Welt erfahren, was für ein Schleimer dieser Axel ist.«

»Sie geben es also zu? Sie haben geschossen?«

»Ja, ich habe geschossen. Und ich hatte einen guten

Grund. Axel hat mir zwölf Kompositionen gestohlen. Ich habe vor ein paar Jahren eine Kassette gemacht. Ganz privat. Es gab nur ein einziges Exemplar. Ich habe sie Axel damals vorgespielt. Einige Monate später erschien die erste CD der nassen Hosen. Ich traute meinen Ohren nicht: Die Hälfte der Songs war von mir. Aber Axel wollte nichts davon wissen. Die Kassette hatte er weggeschmissen. Ich hatte keine Beweise und durfte mit ansehen, wie dieser Schleimer täglich im MTV herumturnte.«

»Und jetzt hat er Ihnen endlich etwas für die Songs bezahlt?«, fragte ich und zeigte auf die neuen Möbel.

»Ja. Er hat Schiss bekommen.«

»Ich verhafte Sie wegen Mordes, junger Mann.«

Das tat er dann auch. Axel Hose verschwand wenig später wieder in der Versenkung. Portmann versuchte sich im Gefängnis an neuen Songs, brachte aber auch nichts Gescheites zustande. Und ich lebte weiterhin ohne Musik und ließ es mir wohl ergehen. Es gab nämlich noch immer keinen Song, der es beispielsweise mit Cornell Woolrichs *Walzer in die Dunkelheit* aufnehmen konnte. So geht das.

Tod eines Architekten

Die Frau musterte mein Büro und rümpfte mehrmals die Nase, bevor sie sich setzte. Ich nahm einen Schluck Whisky und schwenkte das Glas so, dass sich der Duft ein wenig im Raum verteilte. Die Frau rümpfte erneut die Nase.

»Das riecht nicht gerade nach einem Single Malt Whisky.«

»Ich benutze ihn auch nicht als Aftershave.«

»Ich weiß nicht, ob ich bei Ihnen richtig bin. Sie scheinen mir nicht gerade ein Ästhet zu sein.«

»Ich eigne mich nicht für Innendekoration und auch nicht als Wandschmuck. Dafür beschatte ich jeden, der mir vor die Linsen kommt.«

»Ich möchte, dass Sie einen Mord aufklären.«

»Das ist mein liebstes Hobby. Wer ist der Tote und wen verdächtigen Sie des Mordes?«

»Der Tote ist mein Mann. Carlo Trotta, der berühmte Architekt. Er ist mit einem Ziegelstein erschlagen worden. Die Polizei glaubt, dass es ein Unfall war. Das ist Unsinn.«

»Was spricht gegen die Unfallthese?«

»Roland Richter.«

»Ist das ein Zeuge oder ein Ziegelstein?«

»Richter ist ebenfalls Architekt. Er wurde nie so berühmt wie mein Mann und er ist deshalb dem Alkohol verfallen. Er hat es nie überwunden, dass ich meine Liebe Carlo schenkte und nicht ihm.«

»Verstehe. Das muss aber eine Weile zurückliegen.«

»Über so etwas spreche ich nicht. Mein Mann steht in jedem Lexikon, Richter werden Sie vergeblich suchen. Niemand wird sich an ihn erinnern. Er ist ein miserabler Architekt. Dieses Büro hier könnte von ihm entworfen worden sein.«

»Dieses Büro könnte sogar von mir selbst entworfen worden sein, das hat nichts zu bedeuten.«

»Sie müssen Richter in die Enge treiben, ihn dazu bringen, sich zu verraten. Er wird mit dem Mord prahlen, er hat immer mit allem geprahlt.«

Sie diktierte mir die Personalien des verdächtigten Architekten. Danach erzählte sie ungefragt aus ihrem Leben, was ich nur dank des Whiskys unbeschadet überstand. Die Zahlen, die sie schließlich auf einen Check zeichnete, sahen ausgesprochen ästhetisch aus. Ich nahm einen kräftigen Schluck und machte mich auf den Weg ins Polizeipräsidium.

»Na, Maloney, hat die Hitze dazu geführt, dass sich ein bedauernswerter Klient zu Ihnen verirrt hat? Bei einem Hitzestau soll niemand mehr klar denken können.«

»Dann werden bei der Hitze alle zu Polizisten. Dieser Gedanke müsste Ihnen gut tun.«

»Mit der Hitze ist gar nicht zu spaßen, Maloney. Wenn die Sonne brennt, brennt auch die Leidenschaft. Das Wetter, Maloney, ist für die Hälfte aller Straftaten verantwortlich. Und seit man im Fernsehen täglich im Voraus erfährt, wie das Wetter wird, hat sich alles verschlimmert. Man sollte die Leute nicht vor Ozon, Pollen und anderem Unsinn warnen, sondern vor Hitzestaus in den Köpfen.«

»Hatte der Ziegelstein, der den Architekten Trotta erschlug, vielleicht auch einen Hitzestau?«

»Ziegelsteine fallen statistisch gesehen nur alle 25 Jahre so unglücklich auf einen Menschen, dass dieser das Zeitliche segnet. Sie können jetzt also wieder beruhigt durch die Straßen gehen, Maloney.«

»Und es gibt keine Hinweise darauf, dass der Ziegelstein durch Einwirkung fremder Hände auf Trotta fiel?«

»Es war zwar windstill zur Tatzeit, aber das muss nichts heißen, Maloney. Es gibt keinen Grund, an einem Unfall zu zweifeln. Zudem war es am Tag der Tat nicht einmal 21 Grad warm. Ein Hitzestau kommt also auch nicht in Frage.«

Der Architekt Roland Richter wohnte in einem Haus, das aussah, als hätten zehn Arbeiter mit verbundenen Augen von verschiedenen Seiten daran gearbeitet. Unterschiedliche Materialien, schräge Fenster und schiefe Perspektiven verliehen dem Haus die Aura eines Gebäudes, das viel zu lange einem Tornado ausgesetzt worden war. Im Haus traf ich auf eine Frau.

»Mein Name ist Schramm, ich bin die rechte Hand von Herrn Richter. Schon seit Jahren. Wir sind ein tolles Team.«

»Und weshalb redet die ganze Welt nur von diesem Trotta?«

»Ach, die Journalisten schreiben einander ab. Richter und ich, wir werden seit Jahren ignoriert. Aber meine Zeit, ich meine unsere Zeit, wird noch kommen. Wir möchten in dieser Stadt das längste Gebäude der Welt erstellen. In die Höhe darf man ja nicht bauen, also machen wir es in die Länge. Es wird gigantisch werden.«

»Das glaube ich Ihnen gerne. Wo kann ich den Stararchitekten finden?«

»Er ist unten am Fluss. Er lässt sich für ein neues Gebäude inspirieren. Die Stockwerke sollen fließen wie Wasser.«

»Und die Mieter darin ertrinken oder an Rheuma erkranken.«

»Häuser werden nicht für Mieter gebaut, sondern für die Kunstgeschichte. In hundert Jahren fragt niemand mehr nach den Mietern von heute. Mieter sind vergänglich, Gebäude können Jahrhunderte überstehen.«

Am Fluss traf ich auf den Architekten, der scheußliche bunte Shorts und ein noch scheußlicheres Freizeithemd trug. Neben ihm saß eine junge Frau, die sich als Architekturstudentin zu erkennen gab und offenbar von Richters Werken schwärmte.

»Diese kühle Eleganz, ein Gedicht aus Glas und Stahl.«

»Sie meint meine Glaspaläste in São Paulo.«

»Er wird die 70er Jahre architektonisch ins 21. Jahrhundert retten. Größe ist wieder angesagt. Auch wenn die Politiker bei uns klein kariert sind und sich nichts Größeres vorstellen können als ihr bescheidenes Parteiprogramm. Aber es wird eine Revolution kommen und dann werden wir bauen können, was wir schon immer bauen wollten.«

»Ich glaube nicht, dass das Herrn Maloney interessiert. Er scheint mir eher an der Vergänglichkeit interessiert zu sein. Menschen, die sterben, die sich von Dachziegeln erschlagen lassen. Ist es nicht so?«

»Trottass Frau verdächtigt Sie des Mordes.«

»Das überrascht mich nicht. Sie will den Verdacht von sich lenken.«

»Sie halten Frau Trotta für die Täterin?«

»Natürlich. Es ist doch stadtbekannt, dass Frau Trotta

ein Verhältnis mit einem Mann hat, der wesentlich jünger ist als sie. Es ist ebenfalls bekannt, dass sie mit diesem Mann nach Amerika auswandern möchte. Ist es nicht so, Milena?«

»An der Uni reden alle davon. Nur die Polizei will nichts davon wissen. Dabei ist es sonnenklar, dass Frau Trotta ein Motiv hatte. Geld. Das ist doch ein gutes Motiv, oder?«

Sie schaute Richter an, der zustimmend nickte. Ich wischte mir den Schweiß von der Stirn und sehnte mich nach einem großen Eiswürfel, der sich in einem Glas langsam in Whisky verwandelte.

Das Haus der Trottass war so riesig, dass ich mich verlaufen hätte, wenn nicht überall bunte Schilder aufgestellt gewesen wären mit Symbolen wie am Flughafen. Zwei Betten zeigten zum Schlafzimmer, ein Hund vermutlich zum Hundezimmer und auf einer Tafel entdeckte ich ein Ausrufezeichen, unter dem ein Daumen abgedruckt war. Frau Trotta war nicht in der Stimmung, mir das seltsame Schild zu erklären.

»Ich finde, das ist eine Zumutung. Kann man diese Leute nicht verklagen?«

»Die ganze Uni spricht von Ihrem Verhältnis mit dem Mann, vielleicht spricht sogar schon die ganze Stadt davon. Und die können Sie nicht alle verklagen.«

»Aber was hat das mit dem Tod meines Mannes zu tun?«

»Sie hatten ein Motiv. Das Geld Ihres Mannes.«

»Das ist Unsinn. Ich bringe nicht meinen Mann um und beauftrage dann einen Detektiv, den Mord aufzuklären, während die Polizei von einem Unfall ausgeht.«

»Das ist allerdings seltsam. Aber in meinem Beruf erlebt man einiges. Trifft es zu, dass Sie einen jugendlichen Liebhaber haben?«

»Jugendlich ist er nicht mehr. Anfang dreißig und sehr sportlich. Und leidenschaftlich. Und er versteht absolut nichts von Architektur und Kunst. Er ist eine Wohltat.«

»Wußte Ihr Mann davon?«

»Mein Mann kannte nur eine Leidenschaft und die hatte nichts mit Frauen zu tun. Erregt war er nur, wenn er Gebäude entwarf. Das wurde mit jedem Ehejahr schlimmer. Er hat mich nicht mehr beachtet. Aber das war mir ganz recht so.«

»Wie heißt Ihr Liebhaber?«

»Muss das sein?«

»Er hätte ebenfalls ein Motiv gehabt, Ihren Mann zu töten.«

»Mario ein Mörder? Nein, das kann ich nicht glauben. Mario hätte meinen Mann nicht einmal in Notwehr getötet.«

Sie gab mir die Adresse von Mario. Dieser öffnete die Wohnungstür nur widerwillig, was ich gut verstehen konnte. Schließlich sah die junge Frau auf seinem Sofa ein wenig unterkühlt aus, was aber nicht an ihrer Ausstrahlung lag. Sie trug einfach zu wenig Kleider auf sich.

»Was fällt Ihnen ein, Ihren Fuß in meine Wohnung zu setzen? Habe ich Ihnen nicht gesagt, dass ich beschäftigt bin?«

»Doch, doch, das sehe ich. Wahrscheinlich geben Sie der Dame Nachhilfeunterricht. «

»Ich gehe nicht mehr zur Schule. Ich bin Kosmetikerin. Und Mario ist ein Kunde von mir.«

»Ich leide an trockener Haut und rissigen Nägeln.«

»Und das können Sie sich nicht leisten als Gigolo.«

»Er ist kein Italiener. Ich habe italienisches Blut, meine Großmutter stammte aus Umbrien.«

»Was erzählst du ihm alles aus deinem Leben? Das ist ein Schnüffler, das sieht man doch.«

»Ich habe nichts zu verbergen. Zudem wird es Zeit, dass wir unsere Liebe öffentlich machen. Wir sollten gemeinsam ein Fest organisieren. Eine riesige Party. Eine Pyjamaparty. Das wollte ich immer schon mal machen.«

»Hör endlich auf damit. Ich habe dir gesagt, dass das nicht geht, wir müssen unsere Liebe im Stillen keimen lassen, bis sie aufgeht wie eine Blume.«

»Was sagt eigentlich Frau Trotta zu der kleinen Blume?«

»Wer ist Frau Trotta?«, fragte die leicht bekleidete Kosmetikerin.

»Eine ältere Dame, an der der schöne Mario seine trockene Haut reibt.«

»Eine ältere Dame? Etwa diese dreißigjährige Blumenhändlerin?«

»Das verstehst du nicht. Das ist rein, wie soll ich sagen, sexuell, verstehst du? Es hat nichts zu bedeuten.«

»Was hat nichts zu bedeuten?«

»Ältere Frauen erregen mich.«

»Ich bin doch auch bald 23.«

»Frau Trotta ist um die sechzig«, sagte ich und erntete einen entsetzten Blick.

»Und das erregt dich?«

»Es ist krank, es ist neurotisch, aber was soll ich dagegen tun? Ich brauche das ab und zu.«

»Jetzt verstehe ich. Du willst die Frau heiraten und dann ihr Geld erben. Das ist es, was dich erregt.«

»Zuerst musste aber der Ehemann dran glauben«, sagte ich.

»Einen Mord lasse ich mir nicht anhängen. Sie wollte es, sie forderte mich dazu auf, dem gemeinsamen Glück nachzuhelfen, aber ich habe es nicht getan.«

»Hast du mit dieser Frau richtig geschlafen?

»Frau Trotta hat Sie zum Mord angestiftet?«

»Ja, ja, aber ich habe abgelehnt. Sie bot mir Geld, viel Geld, aber ich will kein Geld von ihr, ich will nur ihren Körper, ab und zu.«

»Du bist krank, Mario. Du brauchst Hilfe. Ich bin sicher, dass das alles von deiner trockenen Haut kommt. Ich habe gehört, dass trockene Haut zu schweren psychosomatischen Störungen führen kann. Der ganze Stoffwechsel kommt durcheinander. In Wirklichkeit willst du nur mich, das spüre ich.«

»Ich spüre gar nichts mehr«, sagte der schöne Mario. »Meine Beine sind eingeschlafen.«

Ich ging zurück in mein Büro und öffnete eine Dose Thunfisch. Ich nahm ein paar Bissen und schaute mir auf CNN einen Bericht über ein Unwetter in Texas an. Der Thunfisch schmeckte dadurch auch nicht besser. Wenig später klopfte es an der Tür und der Architekt Richter trat ein. Er trug einen Schutzhelm.

»Ich habe einen Drohbrief erhalten. Ausgeschnittene Buchstaben wie in einem Film. Ich habe Angst, ich zittere, ich kann nicht schlafen.«

»Was steht in dem Drohbrief!«

»Stein auf Stein wird auf die selbstherrlichen Architekten fallen.«

»Klingt nicht schlecht. Gibt es denn so viele lockere Ziegelsteine wie es Architekten gibt?«

»Man bedroht mein Leben und Sie sitzen locker hier und machen sich darüber lustig. Da draußen gibt es einen Verrückten, der jederzeit zuschlagen könnte.«

»Bleiben Sie hier in meinem Büro, hier gibt es keine Ziegelsteine.«

»Tun Sie was, suchen Sie die Leute, die das geschrieben haben.«

»Ich dachte, die Buchstaben seien aufgeklebt worden?«

»Natürlich sind sie das. Drehen Sie mir nicht die Worte im Mund herum. Ich habe Todesangst.«

Ich lächelte und zeigte ihm die Tür. Er wollte vorerst nicht gehen, doch ich half ein wenig nach. Ich wollte es mir gerade unter dem Schreibtisch bequem machen, als die Kosmetikerin in mein Büro trat und meine Hände kritisch musterte.

»Sie haben auch trockene Haut. Stehen Sie auch auf ältere Frauen?«

»Um diese Zeit bevorzuge ich zwölfjährigen Whisky.«

»Zwölfjährigen? Gibt es eigentlich nur noch gestörte Männer auf diesem Planeten?«

»Sie können ja zum Mars fliegen und dort nach anderen Exemplaren Ausschau halten.«

»Nicht, solange Mario auf freiem Fuß ist.«

»Wieso? Was ist mit Mario? Ist seine Haut plötzlich feuchter geworden?«

»Er hat diesen Trottel ermordet.«

»Der Trottel hieß Trotta. Wie kommen Sie darauf, dass Mario es getan hat?«

»Ich habe in seiner Wohnung ein Buch gefunden. Es ist ein Krimi und Frau Trotta hat eine Widmung reingeschrieben.«

»Das ist an sich nichts Kriminelles.«

»In dem Buch erschlägt ein Mann seinen Nachbarn mit einem Ziegelstein und lässt es wie einen Unfall aussehen.«

Ich nickte anerkennend. Sie zitierte aus dem Buch und empfahl mir eine Hautcreme, die so teuer war wie die Inneneinrichtung meines Büros. Ich bot ihr an, sich ein wenig unter meinen Schreibtisch zu legen, doch sie flüchtete schreiend in die dunkle Nacht.

Bei der Polizei war man gerade dabei, Mario zu verhören, den Liebhaber mit der trockenen Haut. Ich setzte mich dazu und staunte wieder einmal über die subtilen Methoden der Polizei.

»Wenn Sie den Mord nicht gestehen, werde ich Ihnen aus der betriebseigenen Kantine die Reste des Mittagessens auftischen. Und wehe, wenn Sie nicht essen.«

»Ich habe keinen Hunger und ich habe niemanden umgebracht. Das ist alles ein Missverständnis. Frau Trotta hat mir das Buch geschenkt, ja, aber ich habe nicht mal darin geblättert. Ich lese keine Bücher, Bücher machen mich unruhig. Ich gehe lieber ins Kino und schaue mir Naturfilme an. *Und ewig singen die Wälder*, da wird mir warm ums Herz.«

»Ihnen wird noch viel wärmer ums Herz, wenn wir Ihnen die heiße Tomatensuppe in den Mund löffeln. Einer meiner Kollegen wurde umgehend ins Spital eingeliefert. Es geht ihm den Umständen entsprechend miserabel.«

»Ich bin unschuldig. Ich habe mit Frau Trotta geschlafen, aber ich liebe sie nicht. Ich würde nie einen Mord für sie begehen, auch für mich nicht, für niemanden.«

»Er ist so unschuldig wie die betriebseigene Kantine«, sagte ich. »Beides sollte man aus dem Verkehr ziehen, aber das ist ein anderes Thema.«

»Mich aus dem Verkehr ziehen? Aber ich bin harmlos, ich halte vor jeder Ampel.«

»So sehen Sie auch aus. Vielleicht sollten Sie sich einen Privatdetektiv nehmen. Eine schlimmere Strafe fällt selbst mir nicht ein. Vielleicht zusammen mit Maloney ein Mittagessen in der Kantine. Das überlebt keiner.«

Mario brach winselnd zusammen und gestand, in seiner Jugend einen Zigarettenautomaten geknackt zu haben. Er gestand auch, mehrmals täglich laut zu furzen, was mit seiner schlechten Verdauung zu tun habe. Andere Schandtaten fielen ihm jedoch nicht ein. Ich besuchte meine Klientin und traf auf Roland Richter, den Architekten mit dem Schutzhelm.

»Wir sind gerade dabei, Frau Trotta zu einem Geständnis zu bewegen.«

»Leider ist mein Tränengasspray defekt und zuschlagen mag ich nicht.« Die Studentin zuckte mit den Schultern und zeigte auf Frau Trotta.

»Das ist eine Unverschämtheit. Die beiden sind in mein Haus eingedrungen und bedrohen mich.«

»Nur keine Panik. Maloney wird Sie beschützen. Vielleicht sollten wir noch einmal über mein Honorar reden, jetzt, wo es hier so gemütlich ist.«

»Schmeißen Sie die beiden raus.«

»Das wäre ein Fehler«, sagte Richter. »Wir haben nämlich Beweise.«

»Was für Beweise?«, fragte Frau Trotta.

»Sie haben den Drohbrief geschrieben«, sagte die Studentin und nahm eine Zeitschrift in die Hand.

»Das ist eine bösartige Unterstellung«, sagte Frau Trotta.

Herr Richter forderte die Studentin auf, ihm die Zeitschrift zu reichen. Er blätterte darin und lächelte.

»Und was ist das?«, fragte er und zeigte auf eine Zeitschriftenseite.

»Sieht wie ein viel zu langer und auf teures Papier gedruckter Drohbrief aus«, sagte ich.

»Das ist nicht der Brief, das ist die Quelle«, sagte die Studentin.

»Ich beziehe meine Kleider nicht beim Versandhandel«, sagte Frau Trotta.

»Das ist die Quelle der Buchstaben«, sagte Richter.

Junge Körper im Gegenlicht«, zitierte die Studentin. »Frau Trotta hat diese Zeitschrift abonniert.«

»Na und? Ist es verboten, sich Kunstzeitschriften anzusehen?«

»Die Buchstaben stammen aus diesem Heft«, sagte Richter.

»Donnerwetter. Und ich dachte schon, Frau Trotta hätte Sie mit nackten Männern bedroht.«

»Die nackten Männer helfen ihr vermutlich über einsame Stunden hinweg«, sagte die Studentin maliziös. »Jetzt, wo ihr Mann tot ist und ihr Liebhaber verhaftet.«

»Mario ist verhaftet worden?«

»Die Polizei tut, was sie kann. Das ist nicht viel, aber manchmal schon viel zu viel.«

»Also gut. Ich gebe zu, dass ich den Drohbrief geschrieben habe. Aber ich habe nichts mit dem Mord an meinem Mann zu tun.«

»Weshalb wolltest du mir Angst einjagen? Ich habe Carlo nicht umgebracht, begreife das endlich.«

»Ich war es auch nicht. Mario kommt ebenfalls nicht in Frage. Aber wer war es dann?«

»Ich fasse keine Ziegelsteine an, davon kriege ich Hautausschläge«, sagte die Studentin.

Am Ende standen alle ratlos da und warteten darauf, dass ich ein bewegendes Schlusswort sprach. Stattdessen verließ ich das Haus und wanderte ein wenig in der

Stadt umher. Die Hitze war erträglich geworden, und nette Menschen fächelten mir kühle Luft zu, als ich mich ermattet in einem Tram niederlegte. Wenig später saß ich in meinem Büro und erhielt einen Anruf. Roland Richter hatte Kopfschmerzen.

»Üble Sache, Maloney. Der Stein fiel auf seinen Kopf. Zum Glück hatte er den Helm an, sonst wäre er jetzt wahrscheinlich tot.«

»Ich hör die Glöcklein klingeln, ich hör die Englein singen und fühl mich wunderbar«, sang Richter.

»Wird er je wieder der alte sein?«, fragte die Studentin besorgt. »Wird er je wieder Glaspaläste entwerfen?«

»Wenn wir Glück haben, wird er in Zukunft nur noch mit Holzklötzchen spielen«, sagte ich.

»Wir haben die Gegend natürlich sofort abgesperrt. Niemand kommt hier lebend raus, Maloney. Allerdings ist auch niemand zu sehen.«

»Ich sehe den Glanz in deinen Augen, sind es Tränen des Glücks oder Tränen des Leids? Die Ritter kommen und das Burgfräulein kreischt, lass mich dein Held sein in dieser schaurigen Nacht.«

»Das ist entsetzlich. Er muss wieder ganz von vorne anfangen, ich spüre das. Ich werde ihm alles beibringen, ich werde mich um ihn kümmern.«

»Das werden Sie nicht, Sie gefräßiger Parasit«, sagte eine Stimme unvermittelt. Sie gehörte zu Frau Schramm.

»Ich habe Roland schreien gehört. Ohne mich ist er nichts.«

»Und mit Ihnen kriegt er Kopfschmerzen«, sagte ich.

»Aber natürlich«, frohlockte die Studentin. »Schaut euch ihre Hände an. Sie hat genau den gleichen Ausschlag, den ich kriege, wenn ich Ziegelsteine anfasse.«

»Das ist kein Ausschlag, das ist Sonnenbrand.«

»Jetzt verstehe ich gar nichts mehr«, sagte Hugentobler.

»Sie haben Trotta getötet und wollten auch Richter töten, um endlich anerkannt zu werden. Ist es nicht so?«

»Niemand spricht von mir und meinen Visionen«, jammerte Frau Schramm. »Niemand nimmt Kenntnis von meinem Genie. Ich musste einfach etwas tun.«

»Sie hätten einen Gedichtband schreiben können«, sagte Hugentobler.

»Oder ein Kreuzworträtsel lösen«, sagte ich.

»Diese Leere«, sagte Richter. »A3 bis A7 und alles leer. Wo sind nur all die Buchstaben geblieben?«

»Dieser Mann scheint intelligent zu sein«, sagte Hugentobler. »Vielleicht hat der Ziegelstein ein Wunder bewirkt?«

Richter erholte sich nach ein paar Wochen wieder und entwarf neue schreckliche Häuser. Die Studentin wurde seine neue Assistentin und Frau Trotta bestellte sich in Südamerika einen jungen Mann. Mario heiratete die Kosmetikerin, die sich so sehr um seine trockene Haut bemüht hatte und ich befeuchtete meinen Rachen mit ein wenig Whisky. So geht das.

Schöne Bescherung

Frau Blum trug ein Kleid, das vermutlich mehr gekostet hatte als die Jahresmiete meines Büros. Sie setzte sich elegant auf die Kante des Stuhls, auf dem in all den Jahren auch schon üblere Klienten Platz genommen hatten. Frau Blums Lächeln war derart entwaffnend, dass sie locker ganze Kriegsparteien entmilitarisiert hätte. Ich fühlte mich in einen dieser Filme versetzt, in denen es nur schöne Menschen mit edlen Motiven und geräuschlosem Rülpsen gibt.

»Ich komme zu Ihnen, weil ich mich mit Verbrechern nicht auskenne.«

»So sehen Sie auch aus. Sie glauben wahrscheinlich, dass Verbrecher ab einer gewissen Kredikartenfarbe nicht mehr als solche gelten.«

»Man hat mich bestohlen. Ein dreister Diebstahl. Die Art und Weise verrät, dass der Dieb keinen Stil hat.«

»Wieso? Hat er keine Armani-Handschuhe benutzt?«

»Er hat ein Bild aus meiner Privatsammlung gestohlen. Und jetzt will er es mir zurückgeben. Für 100 000. Weil er es nicht verkaufen kann. Dieser Idiot.«

»Wie viel ist das Bild wert?«

»Zwei Millionen. Plusminus. Der Versicherungswert liegt tiefer.«

»Und weshalb kommen Sie zu mir? Soll ich den Dieb zur Strecke und das Bild zu Ihnen zurückbringen?«

»Das wäre natürlich toll, wenn Sie das machen könnten.«

»Natürlich kann ich das. Die Frage ist vielmehr, ob ich auch will.«

»Ich besitze gute Kontakte.«

»Dann kontaktieren Sie mal schön.«

»Ich bin unter anderem mit einem Vizedirektor der Bank befreundet, bei der Sie Ihr Konto haben, Maloney.«

»Langsam dämmert mir, worauf Sie hinauswollen.«

»Ich glaube nicht, dass Sie es sich leisten können, mein Angebot auszuschlagen.«

»Und weshalb sollte ich Ihr Angebot annehmen? Tragen Sie sündhaft teure und sündhaft schöne Designerwäsche?«

»Die wurde nicht gemacht, um von Männern wie Ihnen ausgezogen zu werden. Besorgen Sie mir das Bild. Der Dieb hat mir den Übergabeort telefonisch mitgeteilt. Ich möchte, dass Sie dabei sind.«

»Als Beschützer oder als Einschüchterung?«

»Beides. Ich werde zwei kleine Koffer im Auto haben. In jedem sind 100 000 Franken. Der eine Koffer ist für den Dieb.«

Ich schluckte leer und hielt mich an der Kante meines Schreibtisches fest. Frau Blum lächelte, sie genoss es, mich leiden zu sehen. Ich dachte an all die schönen Vorsätze und an einhunderttausend Gründe dafür, alles zu vergessen, was ich mir je vorgenommen hatte. Ohne dass ich mich dagegen wehren konnte, saß ich eine Stunde später in Frau Blums Wagen auf der Anhöhe einer einsamen Landstraße, umgeben von Nebel und ein paar hübschen Träumen, die allesamt fünf Nullen wert waren.

»Er müsste gleich kommen. Gespenstisch ist es hier.

Ich hoffe, dass er nicht auf dumme Gedanken kommt. Ich bin es nicht gewohnt, keine Kontrolle zu haben. Ich liebe es, alle Fäden in der Hand zu halten. Macht ist etwas Tolles, Maloney. Sogar, wenn es nur die Macht über Männer ist.«

»Wie viele solcher Sprüche muss ich eigentlich für die 100 000 erdulden? Ich bin hier, um Ihnen zu helfen, und nicht, um mich zu unterhalten.«

»Sie mögen wohl keine Konversation? Kenne ich. Schweigsame Männer sind die schlimmsten. Man weiß nie genau, was in ihnen vorgeht, bis man kapiert, dass gar nichts in ihnen vorgeht.«

»Jetzt reicht es aber. Mein Innenleben geht Sie und Ihre Kreditkarte nichts an.«

»Da vorne. Das ist er.«

Sie zeigte auf eine Gestalt, die sich unsicher umschauend auf uns zu bewegte.

»Zu Fuß? Das ist doch idiotisch. Und dann wankt er auch noch.«

»Ich sagte doch, dass der Dieb keinen Stil hat. Jetzt sehen Sie es selbst. Entsetzlich, dass ich mich dermaßen demütigen lassen muss.«

Ich beachtete ihre Demütigung nicht weiter und stieg aus. Der Betrunkene wankte über die ganze Fahrspur auf mich zu. Er schwenkte eine leere Flasche in der Hand und zeigte zum Himmel. Doch mit jedem Schritt, den wir uns näher kamen, ging eine seltsame Verwandlung einher. Aus dem Betrunkenen wurde eine Frau, was die Sache auch nicht viel besser machte.

»Dieser Idiot, ausgesetzt hat er mich. Wollte eine ganz spezielle Nummer und dann nicht bezahlen. Diese Überlandfritzen können mir in Zukunft gestohlen bleiben.«

»Glauben Sie, dass die Sitten im Unterland besser sind?«

»Das kann Ihnen doch egal sein. Ist das Ihr Wagen da vorne?«

»Nein.«

»Verstehe. Auf einer ganz speziellen Spritztour, eh?«

»Immerhin hat Ihr Freier Sie mit einer Pulle besten Champagner versorgt.«

»Ist nicht mein Freier. Bin keine Nutte. Wir haben uns bei einer Party kennen gelernt und festgestellt, dass wir beide Rollenspiele mögen. Capito? Ich spiele die Hure und er den Freier.«

»Aha, und jetzt sind die Spielregeln mit ihm durchgegangen?«

»Nein, dieser Idiot hat sein Autotelefon nicht ausgeschaltet und prompt hat ihn seine Frau angerufen. Da hat er Panik gekriegt und mich rausgesetzt.«

»Und wieso jammern Sie darüber, dass er Ihnen kein Geld gegeben hat?«

»Das ist wie beim Glücksspiel. Mit richtigem Geld macht es mehr Spaß.«

»Verstehe.«

»Vielleicht könnten wir beide weiterspielen? Oder hat die Glucke im Wagen etwas dagegen?«

»Die Glucke hat Angst und ich stehe ihr bei. Und Sie sollten von hier verschwinden.«

»Klingt wie im Krimi. Ich habe mal in einem mitgespielt. *Flammen über Bern-Bethlehem.* Eine ziemlich wirre Geschichte. Ich musste einen Typen anquatschen und stellte dann fest, dass er tot war. War ganz lustig, aber der Film war nie zu sehen. Der Regisseur sagte, ich sei ganz toll gewesen.«

Vermutlich hatte sich der Regisseur in ihre inneren

Werte verliebt, so wie das der moderne Mann oft und gerne tut. Ich persönlich bin in dieser Beziehung ein wenig altmodisch. Frau Blum bestand darauf, weiterhin im Nebel auf ihr Bild zu warten. Als zwei Stunden vergangen waren, erbarmte sie sich meiner und fuhr uns zurück in die Stadt. Es war kurz nach sechs Uhr früh, als ich mich endlich unter meinen Schreibtisch legen konnte. Ich schlief kurz und träumte heftig und war alles andere als wach, als Frau Blum in meinem Büro auftauchte und mir ihre blank polierten Zähne zeigte.

»Es ist etwas Entsetzliches passiert.«

»Haben Sie aus Versehen Ihre Nachtcreme zum Frühstück gegessen?«

»In meinem Haus, da steht ein Weihnachtsbaum.«

»Das ist nicht weiter ungewöhnlich zu dieser Jahreszeit.«

»Unter dem Baum liegt etwas.«

»Was Sie nicht sagen? Ist es ein Würfel, hübsch eingepackt mit einer bunten Masche drum herum?«

»Keine Scherze, Maloney. Unter dem Weihnachtsbaum liegt ein toter Mann.«

»Das ist aber eine schöne Bescherung. Haben Sie sich einen Mann zu Weihnachten gewünscht?«

»Natürlich nicht. Es wurde eingebrochen, als wir weg waren. Es sind mehrere Bilder gestohlen worden. Und dieser Mann, er ist tot.«

Ich nickte artig und wartete darauf, dass Frau Blum zusammenbrach, sich mir an den Hals warf oder sonst etwas tat, um dem Tag etwas mehr Dramaturgie zu verleihen. Statt dessen blieb sie schweigend stehen und schüttelte monoton den Kopf.

Das Haus von Frau Blum hätte in jedem Fernsehkrimi

einen Ehrenplatz erhalten. Die Möbel standen dekorativ herum und selbst die Leiche unter dem Weihnachtsbaum gab sich Mühe, kunstvoll drapiert auszusehen. Es war ein Mann Mitte Dreißig. Die Polizisten zeigten sich vom teuren Interieur unbeeindruckt und versahen ihre Arbeit so, als kriegten sie einen Bonus für jede teure Vase, die sie zerdepperten.

»Ich bitte Sie, sagen Sie Ihren Männern, sie sollen etwas rücksichtsvoller und mit mehr Respekt vor meinen Möbeln ihre Pflicht tun.«

»Wir sind hier, weil in Ihrem Haus eine Leiche herumliegt. Vielleicht sollten Sie Ihre Gäste etwas rücksichtsvoller behandeln, anstatt sie tot unter den Weihnachtsbaum zu legen.«

»Gäste? Das darf doch nicht wahr sein. Der Mann hat bei mir eingebrochen.«

»Und dann hat ihn das schlechte Gewissen gepackt und er hat sich selber erschossen?« Hugentobler schüttelte den Kopf und einige Schuppen fielen auf den teuren Teppich.

»Was weiß ich? Vermutlich hatte er einen Komplizen.«

»Und was machen Sie hier, Maloney? Sind Sie ein Komplize von Frau Blum? Oder gehören Sie zur Innendekoration des Hauses?«

»Ich recherchiere für ein Buch. *Polizisten bei der Arbeit.* Allerdings habe ich Probleme, mehr als drei Seiten zu füllen. Zwei davon sind Fotos, die einen gewissen Polizisten bei der Lösung von Kreuzworträtseln zeigen.«

»Mein Blutdruck sinkt, ich muss mich setzen«, sagte Frau Blum und setzte sich.

»Tun Sie, was Sie nicht lassen können, Frau Blum. Sie kennen den Toten nicht?«

»Nein. Aber das sagte ich schon Ihrem Kollegen.«

»Durch dessen Sieb tropfen die Worte schnell und schmerzlos«, sagte ich und Frau Blum nickte.

»Wo waren Sie gestern Nacht, Frau Blum?«

»Ich war mit Herrn Maloney zusammen.«

»Üble Sache, Maloney. Was haben Sie zu Ihrer Verteidigung vorzubringen?«

»Sagen Sie ihm ruhig die Wahrheit, Maloney. Spielt jetzt keine Rolle mehr.«

»Und was ist mit meinem Erfolgshonorar?«

»Ach so, ja. Warten Sie einen Moment.«

Sie schaute sich um und griff in eine Schublade, aus der sie eine scheußliche Taschenuhr hervorklaubte. Mit dem Hinweis, dass die Uhr ein paar Tausender wert sei, übergab sie mir das edle Stück. Ich fuhr zurück in mein Büro, duschte und telefonierte mit einigen Händlern. Ernüchtert stellte ich fest, dass entweder alle Sammler von Taschenuhren gestorben waren oder auf bessere Zeiten warteten. Auf einige traf sogar beides zu. Am Nachmittag erschien plötzlich ein Anwalt in meinem Gemach.

»Ich bin Frau Blums Anwalt. Ich komme in einer etwas delikaten Angelegenheit.«

»Klingt nach Reizwäsche und schmutzigen Phantasien.«

»Sehr gut, ich mag Männer, die ohne Umschweife zur Sache kommen. Ich möchte, dass Sie der Polizei mitteilen, dass Sie die vergangene Nacht mit Frau Blum verbracht haben.«

»Das habe ich bereits mitgeteilt. Vermutlich hängt darüber bereits ein dreckiger Witz am schwarzen Brett des Polizeipräsidiums.«

»Ich möchte, dass Sie die Wahrheit ein wenig, wie soll ich sagen, ein wenig ausschmücken. Es wäre uns sehr gedient, wenn Sie der Polizei mitteilen würden, dass Sie die ganze Nacht mit Frau Blum verbracht haben. Sie verstehen schon, was ich meine.«

»Daran kann ich mich aber nicht erinnern.«

»Selbstverständlich würde sich Frau Blum erkenntlich zeigen.«

»Danke, eine hässliche Uhr genügt.«

»Frau Blum würde sich unter Umständen auch dazu bereit erklären, Versäumtes nachzuholen. Sie verstehen? Die Angelegenheit ist ihr sehr wichtig.«

»Darf ich raten? Die Obduktion hat ergeben, dass der Tote zu einer Zeit starb, als Frau Blum kein Alibi in Form eines frierenden Maloneys mehr hatte? Das ist Pech.«

»Meine Mandantin hat mit dem Einbruch und dem Mord nichts zu tun. Ich möchte ihr lediglich Unannehmlichkeiten ersparen.«

Ich stand auf und ersparte mir eine Fortsetzung dieser traurigen Begegnung, indem ich den Anwalt kurzerhand rausschmiss. Am Abend besuchte ich meine Klientin. Sie hatte Besuch, doch diesmal war es kein Mann und es lag auch niemand unter dem Weihnachtsbaum.

»Sie sind schuld am Tod meines Sohnes«, sagte die Frau.

»Das ist albern. Ihr Sohn hat bei mir eingebrochen. Vermutlich hat ihn sein Komplize erschossen.«

»Mein Sohn hatte keine Komplizen.«

»War Ihr Sohn vorbestraft?«

»Ja. Aber das ist lange her. Er hatte keine Arbeit. Das hat ihn gedemütigt. Alles hätte er angenommen, nur um wieder arbeiten zu können.«

»Da haben Sie es«, sagte Frau Blum. »Ein leichtes Spiel für einen Profi.«

»Ein Profi lässt sich nicht mit Amateuren ein«, sagte ich.

»Er hat mir erzählt, dass er Arbeit in Aussicht hätte. Bei einer reichen, schicken Frau.«

»Was starren Sie mich so an? In dieser Stadt gibt es Tausende reicher Frauen.«

»Aber weshalb lag der Mann ausgerechnet unter Ihrem Weihnachtsbaum, wenn er eine so große Auswahl hatte?«, fragte ich lächelnd.

»Woher soll ich das wissen? Vielleicht gefiel ihm die Dekoration?«

»Das ist geschmacklos. Sie haben etwas mit dem Tod meines Sohnes zu tun. Ich werde Sie nicht in Ruhe lassen, bis ich herausgefunden habe, was heute Nacht in dieser Wohnung geschah.«

»Ich verbrachte die Nacht mit diesem Herrn hier. Möchten Sie Einzelheiten darüber erfahren?«

»Jetzt reicht es aber. Ich habe Ihren Anwalt rausgeschmissen. Ich lasse mir keine Liebesnächte andichten.«

»Da haben wir es. Ein Lügengebäude, das langsam zusammenbricht. Die Gerechtigkeit wird siegen.«

Der Frau gelang ein vorzüglicher Abgang. Ich unterhielt mich mit Frau Blum über wertvolle Uhren, die niemand haben wollte, doch sie zeigte sich völlig unbeeindruckt.

Am nächsten Morgen versuchte ich mein Glück in jenem Antiquariat, wo man ausgediente Polizisten besichtigen konnte.

»Es ist alles ganz anders, Maloney. Soeben habe ich die Ergebnisse der ballistischen Untersuchung erfahren.«

»Und die sagt Ihnen, dass der Mann einwandfrei erschossen wurde?«

»Die sagt mir, dass die Waffe, die wir im Garten gefunden haben, die Tatwaffe ist. Und die sagt mir, dass diese Waffe niemand anderem als Frau Blum gehört.«

»So viele Erkenntnisse auf einen Schlag müssen Ihren Kopf ganz schön durcheinander bringen.«

»Auf der Waffe wurden die Fingerabdrücke von Frau Blum gefunden, Maloney. Was sagen Sie dazu?«

»Reich und doch zu geizig, um sich ein paar Handschuhe zu kaufen. Typisch.«

»Wir gehen davon aus, dass Frau Blum diesen jungen Mann angeheuert hat, um bei ihr einzubrechen. Sie hat ihn erschossen und die Gemälde verschwinden lassen, um die Versicherungsprämie zu kassieren. Klingt doch einleuchtend, oder?«

Ich fragte ihn, welchem Schachcomputer er seine Logik verdankte, doch Hugentobler ging nicht auf meine nette Frage ein, sondern wandte sich einem Sandwich zu, das aussah, als wäre es bereits mehrmals verdaut worden. Er biss herzhaft hinein. Ich tat, was ich in solchen Situationen immer tue: Augen zu und raus.

Meine Klientin wurde vorübergehend festgenommen, was ihr Anwalt gar nicht gerne sah. Ich verbrachte zwei angenehme Tage in meinem Büro und las in einem Sachbuch, dessen Inhalt ich nicht verstand, das aber hübsch gestaltet war und dessen Autor sich enorm Mühe gab, einfache Sachverhalte so zu beschreiben, dass sie wie mathematische Formeln klangen. Am dritten Tag tauchte jene Spielerin bei mir auf, die ich damals im Nebel beinahe aus den Augen verloren hätte.

»Mir reicht es. Ich habe genug. Ich möchte nicht mehr.«

»Klingt gut. Ist das Ihre Autobiographie?«

»Der Anwalt von Frau Blum will mich fertig machen.«

»Sie kennen den netten Herrn?«

»Er hat mich aus seinem Wagen geschmissen.«

»Was denn? Er war der Spieler?«

»Ein Lügner ist er. Ist gar nicht verheiratet, kann gar nicht seine Frau gewesen sein, die im Wagen angerufen hat. Das ist ein mieses Spiel, ich mag das nicht. Jetzt möchte er, dass ich zur Polizei gehe und aussage, dass ich die ganze Nacht in seinem Wagen saß, oder lag, dieses Ekel.«

»Und was bietet er Ihnen für den erlogenen Liegesitz?«

»Was wohl? Könnte das Geld gut gebrauchen. Aber nicht mit mir. Das ist einer dieser Kerle, die einen benutzen. Habe keinen Bock darauf, eines Tages tot zu erwachen.«

»Das wäre ganz was Neues.«

»Sie wissen schon, was ich meine. Er spielt mit den Menschen. Und Spielzeug, das er nicht mehr will, schmeißt er weg.«

Es war an der Zeit, wieder einmal mein Büro zu verlassen. Gemeinsam mit dem griesgrämigen Hugentobler legte ich mich auf die Lauer. Er fand das zwar überflüssig, genoss es aber sichtlich, mich mit seinen laut formulierten Gedanken zu nerven.

»Eigentlich wollte ich meiner Frau einen neuen Staubsauger schenken, aber dann sah ich diese Küchenmaschine, die ist phantastisch, Maloney. Sie schmeißen alles oben hinein und unten kommt ein dreigängiges Menü heraus. Fixfertig.«

»Verdaut die Maschine auch gleich alles, oder müssen Sie das selber machen?«

»Die moderne Technik, Maloney, erleichtert unser Leben ungemein. Das ist ein tolles Geschenk. Oder wissen Sie etwas Besseres, das ich meiner Frau schenken könnte?«

»Ziehen Sie für einen Monat in ein Hotel. Alleine.«

»Sie haben es leicht, Maloney, von Ihnen erwartet niemand ein Geschenk. Sie sind einsam und verbittert, deshalb ist Ihre Lebenserwartung auch tiefer als beispielsweise die eines protestantischen Pfarrers. Die leben unendlich lange, Maloney.«

»Liegt wahrscheinlich alles an der richtigen Küchenmaschine. Oben rein und unten wieder raus.«

»Genau. Mit drei Gängen.«

»Vielleicht sollten Sie jetzt langsam den ersten Gang reinlegen.«

»Ich trage die Küchenmaschine nicht mit mir herum.«

»Es genügt, wenn Sie den Motor dieses Wagens zum Kochen bringen.«

»Nur um diesem Anwalt nachzufahren? Ist er das? Sieht fürchterlich aus. Möchten Sie von so einem Kerl vor Gericht vertreten werden? Dann lieber lebenslänglich, Maloney.«

Der Anwalt stieg in seinen Wagen und fuhr weg. Wir folgten ihm unauffällig, was nicht einfach war, da der Polizist großzügig alle Tempolimiten unterbot und während der Fahrt ununterbrochen aus seinem düsteren Familienleben erzählte. Erst als der Anwalt Frau Blum abholte, wurde Hugentobler schweigsamer. Die beiden fuhren zu einer Lagerhalle. Wir folgten ihnen zu Fuß.

»Was soll das, Maloney? Stecken die beiden unter einer Decke? Ich verstehe das nicht.«

»Das ist ein wenig anspruchsvoller als all die Küchenmaschinen.«

»Wenn die beiden einen Versicherungsbetrug vorhatten, dann haben sie es ziemlich dämlich angestellt.«

»Vielleicht steckt etwas ganz anderes dahinter.«

»Die Cosa Nostra oder die Russenmafia? Erst neulich

habe ich diesen Film im Fernsehen gesehen. Da waren lauter Russen, Maloney. Die stecken ganz schön dick drin. Also, wenn Sie mich fragen, liegt das an diesem Jelzin. Der soll ja angeblich noch mehr trinken als Sie, Maloney.«

»Jetzt reicht es aber. Sie sollten sich der NASA für die Erkundung des Jupiters zur Verfügung stellen. Die Menschheit würde es Ihnen danken.«

»Sehen Sie da vorne? Da ist eine Luke. Leise, Maloney. Die beiden sind da hinten. Hören Sie?«

Tatsächlich vernahmen wir die Stimmen des Anwalts und von Frau Blum. Doch es war alles ganz anders, als ich zuerst dachte. Weder bedrohte sie der Anwalt mit einer modernen Küchenmaschine, noch trieben sie es vor einem gestohlenen Matisse. Der Anwalt richtete eine Waffe auf Frau Blum.

»Sind Sie verrückt? Was soll das?«

»Sie haben mich auf die Idee gebracht, Frau Blum. Ich wusste, dass Sie alles tun würden, um das gestohlene Bild wiederzukriegen.«

»Sie waren das? Sie haben mich aus dem Haus gelockt? Aber wozu?«

»Wozu wohl? Schauen Sie sich um. Da hinten unter den Laken liegen ein Magritte und ein Hundertwasser.«

»Sie sind ein Scheusal. Wo sind die anderen Bilder?«

»Die behalte ich.«

»Jetzt verstehe ich gar nichts mehr.«

»Man wird Sie morgen Früh hier vorfinden, Frau Blum. Mit einer Kugel im Kopf. Bedauerlich, aber verständlich. Ihre Schulden haben Sie dazu getrieben, Sie brauchten dringend Geld, so viele teure Bilder, aber nichts Bares in der Hand. Nie hätten Sie ein Bild verkauft. Also versuchten Sie es mit einem Versicherungsbetrug. Doch dann kam die Verzweiflung über den Mord, den Sie begangen hatten.«

»Sie waren das! Sie haben ihn erschossen. Das war alles geplant. Sie wollten mir von Anfang an den Mord in die Schuhe schieben.«

»So ist es, Frau Blum. Wissen Sie, was ich jetzt mache?« Der Anwalt grinste diabolisch und hob die Waffe ein paar Zentimeter an. Sie fokussierte die Stirn meiner Klientin. Hugentobler flüsterte mir ins Ohr.

»Wir wissen zwar nicht, was dieser Herr hier gleich macht, ich weiß aber, dass ich ihn liebend gerne in meine neue Küchenmaschine stecken würde. Wetten, dass unten mindestens vier Gänge rauskämen?«

»Ich bezweifle, dass dieses Futter genießbar wäre.«

Hugentobler schoss in die Lagerhalle. Der Anwalt erschrak und ließ die Waffe fallen. Frau Blum schaute zu uns hoch und zeigte weiße Zähne.

»Was bin ich erleichtert. Der Mann ist verrückt, er wollte mich umbringen.«

»Unsinn«, sagte der Anwalt. »Ich habe Frau Blum verfolgt und sie gestellt. Mir gebührt eine Auszeichnung.«

»Ihnen gebührt ein Strick um den Hals«, sagte Frau Blum.

»So nicht, Frau Blum«, sagte Hugentobler. »Wir quälen unsere Mörder lieber mit täglichen Spaziergängen unter dem Ozonloch. Eine Stunde pro Tag genügt fürs Erste.«

Und so kam es auch. Frau Blum hatte ihre Bilder wieder, doch mehr als einen müden Tausender war ihr meine Arbeit nicht wert. Die Taschenuhr, die sie mir schenkte, besitze ich heute noch. Manchmal biete ich sie einem Bettler an, doch meistens ernte ich dafür nur Fluchtiraden. So geht das.

Trickdiebe

Die Frau, die mir gegenübersaß, hieß Wipf. Sie trug eine lächerliche Perücke und Kleider, die aussahen, als hätte sie sie aus einem Müllcontainer gefischt. Ich bot ihr einen Kaffee an, doch Frau Wipf gab sich mit einem Glas Leitungswasser zufrieden. Sie trank es leer, ehe sie mir ihr Problem schilderte.

»Ich bin Trickbetrügern aufgesessen.«

»Die haben Ihnen die Haare vom Kopf gestohlen und jetzt müssen Sie mit einer billigen Perücke durchs Leben schreiten?«

»Die Perücke und die Kleider sind zur Tarnung. Ich möchte nicht erkannt werden.«

»Sind Sie in geheimer Mission unterwegs?«

»Mein Sohn ist Polizist. Ich möchte nicht, dass er erfährt, was geschehen ist. Mein Sohn hat mich immer vor Trickdieben gewarnt, die an der Wohnungstüre klingeln. Ich konnte ja nicht ahnen, dass diese junge Frau derart dreist und unverschämt ist.«

»Was genau wurde Ihnen gestohlen?«

»Gestohlen wurde mir nichts. Ich habe der Frau das Geld freiwillig gegeben.«

»Verstehe. Und wie viel?«

»10 000 Franken.«

»Dafür muss unsereins mehr tun als an Wohnungstüren klingeln.«

»Ich wurde überrumpelt. Ich schaute mir im Fernsehen eine Seifenoper an und war in einer etwas sentimentalen Stimmung. Es klingelte, und ich ging wie in Trance zur Tür. Die junge Frau machte auf mich keinen bedrohlichen Eindruck.«

Frau Wipf schilderte mir den seltsamen Dialog, der sich vor ihrer Wohnungstüre abgespielt hatte.

»Hallo Frau Wipf. Sie sind Abonnentin der Zeitschrift *Esotera*. Wie Sie sicherlich wissen, beinhaltet das Abonnement auch eine Ferndiagnose des Mediums Rahel, die exklusiv für unseren Verlag arbeitet.«

»Ich bin gesund, ich benötige keine Ferndiagnose.«

»Rahel ist darauf spezialisiert, negative Energie aufzuspüren. Dabei ist ihr aufgefallen, dass jemand sehr viel negative Energie auf Sie richtet, Frau Wipf.«

»Energie? Wollen Sie etwa behaupten, dass mich jemand mit Stromstößen bedroht?«

»Nein, nein. Die Energie ist viel gefährlicher als banaler Strom. Jemand hat Sie mit einem Fluch belegt.«

»Mich? Aber weshalb denn?«

»Rahel kann die Quelle der negativen Energie nicht lokalisieren, aber sie kann die Energie umleiten, sie verpuffen lassen.«

»Und weshalb tut sie das nicht?«

»Weil das nur funktioniert, wenn Sie, Frau Wipf, ebenfalls für positive Energie sorgen. Indem Sie zum Beispiel Geld spenden.«

»Aber wem soll ich das Geld spenden?«

»Ich kann das Geld für Sie an verschiedene Hilfsorganisationen einzahlen. Es müsste aber noch in den nächsten Stunden geschehen. Sie sollten die Wohnung nicht verlassen, da Rahel befürchtet, es könnte Ihnen etwas zustoßen. Wie viel Geld haben Sie im Haus?«

Frau Wipf fixierte mein Telefon, während sie mir die peinliche Situation schilderte. Immerhin verfügte ich über eine Klientin mit ausreichend Bargeld.

»Ich glaube, ich habe den falschen Beruf gewählt«, sagte ich.

»Bereits eine Stunde später dämmerte mir, wie dumm ich mich benommen hatte. Aber die Frau war so überzeugend, und schließlich liest man immer wieder von solchen Dingen. Ich möchte, dass Sie diese Frau überführen. Es geht mir weniger um das Geld als um meine Ehre.«

»Mir geht es bei meiner Arbeit, ehrlich gesagt, mehr um das Geld, als um die Ehre.«

»Die Frau hat mich um 10 000 Franken betrogen. Wenn Sie sie ausfindig machen und das Geld zurückbringen, gehört die Hälfte Ihnen. Ist das ein Deal, wie man heutzutage sagt?«

Ich nickte und tippte auf meiner alten Schreibmaschine einen Vertrag. Frau Wipf gab mir eine Beschreibung der Frau und auch ein paar Exemplare der seltsamen Zeitschrift. Ich notierte mir die Verlagsadresse und stand Stunden später in einem winzigen Büro. Der Mann, der mich empfing, hieß Götschi und sah aus wie einer dieser Jungunternehmer, die im Fernsehen dauernd über die Banken, die Gewerkschaften und den Staat jammerten.

»Die großen Verlage sind wie Dinosaurier, unfähig, sich den neuen Gegebenheiten anzupassen. Flexibilität ist das Stichwort. Wenn eine Zeitschrift nicht läuft, nützt es nichts, den Chefredaktor zu feuern, man macht besser gleich eine andere Zeitschrift.«

»Und wie läuft die Zeitschrift *Esotera*?«

»Nicht schlecht, wenn man bedenkt, dass die große

Esoterikwelle bereits wieder am Abflauen ist. Esoterik ist heute vor allem bei Leuten über fünfzig ein Thema. Vor ein paar Jahren waren es auch die Jungen, denen ist das aber zu wenig extrem. Die werden lieber richtig religiös.«

»Sind Sie ein Einmannverlag?«

»Wie ich schon sagte, Flexibilität ist wichtig. Neben *Esotera* produziere ich drei weitere Titel.«

»Und wer schreibt all das Zeugs, das in den Zeitschriften steht?«

»Journalisten und Journalistinnen. Ich kaufe die Texte und Fotos ein. Ich glaube nicht an den Mist, der in den Heftchen steht, aber was soll's, die Dinger verkaufen sich.«

»Arbeitet ein Medium namens Rahel für Sie?«

»Sind Sie noch bei Trost? Ich mache Zeitschriften und sonst nichts. Gleich erhalte ich ein Fax mit übersetzten Texten aus den USA. Billig einkaufen, toll aufmachen, gut verkaufen. Das sind die Grundpfeiler meines Erfolges.«

Ich verließ den Verleger und nahm mir vor, keine Zeitschriften mehr zu kaufen. Im Polizeipräsidium blätterte ein Beamter gerade in einem Pornoheft, das er vermutlich aus polizeitaktischen Gründen studieren musste. Ein anderer Beamter versuchte sich an einer Denksportaufgabe.

»Die Logik ist etwas Verwirrendes. Wenn ich zum Beispiel eine Münze werfe und hundert Mal hintereinander Kopf kommt, müsste doch die Wahrscheinlichkeit steigen, dass als nächstes Zahl kommt, das stimmt aber nicht. Theoretisch könnte unendlich lange Kopf kommen und die Wahrscheinlichkeit bleibt immer bei fünfzig Prozent.«

»Das ist wie bei der Verbrechensbekämpfung. Die Wahrscheinlichkeit, dass die Polizei einen Mörder dingfest macht, bleibt immer gleich niedrig. Was wissen Sie über Trickdiebe?«

»Eine Menge, Maloney. Es gibt ganze Banden, die Leute um ihr Erspartes quetschen. Noch immer beliebt ist das Ablenkungsmanöver. Jemand lenkt ab und der Komplize durchsucht unterdessen die Wohnung nach Geld. Funktioniert fast immer, Maloney. Außer bei Leuten wie Ihnen, da findet man nur verschimmelte Brote in den Schubladen.«

Ich aß unterwegs einen Hamburger und besuchte danach meine Klientin. Sie machte nach wie vor einen rüstigen Eindruck und war mit einem Mann zusammen, der etwas verwirrt aussah.

»Das ist mein Nachbar, Herr Schmidt. Dieser bedauernswerte Mann ist in Deutschland aufgewachsen und erst vor zwanzig Jahren zu uns gekommen. Er ist ganz nett, wenn man bedenkt, wo er seine Jugend verbracht hat.«

»Es ist etwas Schreckliches geschehen. Geradezu grauenhaft.«

»Sehen Sie, er leidet noch immer unter den Eindrücken aus seiner Kindheit.«

»Frau Türler ist tot. Geradezu mausetot.«

»Frau Türler ist unsere gemeinsame Nachbarin. Eine Frau von Welt. Sie stand einst in Diensten des englischen Königshauses.«

»Jemand hat Frau Türler getötet. Geradezu bestialisch.«

»Was erzählen Sie da? Ich habe Frau Türler gestern Früh gesehen. Sie war weder krank noch schwächlich. Ganz im Gegenteil.«

»Vielleicht sollten wir uns um die Frau kümmern«, schlug ich vor.

»Ich wollte ihr Kaffee vorbeibringen. Eine spezielle Marke, die ich geradezu direkt aus Italien beziehe. Die Tür war angelehnt, Frau Türler lag dahinter. Tot.«

»Das ist schade. Frau Türler freute sich so auf ihren 70. Geburtstag. Sie wollte uns alle zu Kaffee und Kuchen einladen. Vielleicht ist sie aus lauter Geiz gestorben, um das Geld für Kaffee und Kuchen zu sparen.«

»So etwas dürfen Sie nicht denken, Frau Wipf. Frau Türler war eine sehr edle, eine geradezu aristokratische Frau.«

»So ein Unsinn. Sie war eine eingebildete Ziege.«

Die beiden ereiferten sich über die Tote. Ich verließ die Wohnung, ging zwei Stockwerke hoch und landete vor der Wohnung von Frau Türler. Die Tür war angelehnt und Frau Türler lag tot dahinter. Ich tat, was ich in solchen Situationen immer tue: nichts anfassen.

Meine Klientin saß auf dem Sofa und Herr Schmidt in einem Sessel. Ich blieb stehen und erklärte den beiden, was ich in der Wohnung von Frau Türler angetroffen hatte.

»Das ist mir auch aufgefallen. Es ist keine Unordnung in der Wohnung. Geradezu aufgeräumt schaut es aus. Es scheint kein Einbruch gewesen zu sein. Vielleicht war es die junge Frau, die ich gesehen habe.«

»Wie sah die junge Frau aus?«

»Mitte zwanzig vielleicht. Ein eher südländischer Typ mit halblangen Haaren und einer geradezu ausgeprägten Nase.«

»Das ist sie.«

»Ihre Tochter, Tante oder Putzfrau?«, fragte ich.

»Die Beschreibung passt haargenau auf die Frau, die mich betrogen hat.«

»Sie sagten mir nichts von einer ausgeprägten Nase.«

»Die hatte ich vergessen, aber jetzt, wo es Herr Schmidt betont, sehe ich ihr Gesicht wieder ganz deutlich vor mir.«

»Sie kennen die Frau?«, fragte Herr Schmidt. »Das ist geradezu erstaunlich.«

»Und ob. Sie betrügt ältere Menschen. War Frau Türler Abonnentin von *Esotera*?«

»Sie las, ja sie verschlang geradezu Hefte, in denen es um Engel und alternative Heilmethoden ging.«

»Da haben wir es. Frau Türler wurde von der Betrügerin ermordet. Ich muss unvorstellbares Glück gehabt haben. Wir werden jetzt anonym die Polizei verständigen.«

»Das ist geradezu in meinem Sinn. Ich bin gesundheitlich angeschlagen und sollte mich nicht dem Stress eines Verhörs aussetzen.«

»Sie verständigen die Polizei, Herr Maloney, sagen aber nicht, wer Sie sind. So ist uns allen geholfen. Selbstverständlich werde ich Ihre Diskretion gebührend entlohnen.«

Sie verschwand in der Küche. Ich hörte Geräusche von Schubladen, die geöffnet wurden und erblickte wenig später einen schönen Tausender, den mir Frau Wipf feierlich übergab. Herr Schmidt lief das Wasser im Munde zusammen, als ich das Geld einsteckte. Ich rief von einer Telefonkabine aus bei der Polizei an und stattete danach dem jungen Verleger erneut einen Besuch ab. Wir unterhielten uns in einem Straßencafé.

»Südländisch und eine ausgeprägte Nase, sagten Sie? Die Beschreibung passt auf niemanden, den ich kenne.«

»Die Frau muss Zugang zur Abonnentendatei haben.«

»Das bezweifle ich.«

»Es geht nicht mehr nur um Betrug, Herr Götschi, es geht jetzt um Mord.«

»Damit habe ich nichts zu tun. Ich produziere Zeitschriften. Daran stirbt niemand.«

»Ich habe mich erkundigt. Gegen Ihren Verlag laufen mehrere Betreibungen.«

»Das ist ganz normal. Der Start ist immer harzig. Ich warte darauf, dass einer meiner Titel einschlägt und ich ihn an einen großen Verlag verkaufen kann. Bis dahin muss ich mehrere Durststrecken überwinden.«

»Und immer wieder kurzfristig zu Geld kommen.«

»Ich habe mit diesen Betrügereien nichts zu tun. Das erkläre ich auch unter Eid, wenn es sein muss.«

Es musste vorerst nicht sein. Meine Klientin rief mich an und sagte mir, dass sie eine Zeugin ausfindig gemacht hätte. Eine Frau, die angeblich während mehrerer Wochen das Haus, in dem Frau Wipf wohnte, fotografiert hatte. Ich wunderte mich darüber, weshalb jemand wochenlang Häuser fotografiert, traf mich aber trotzdem mit der seltsamen Fotografin.

»Ja, ich fotografiere Häuser. Systematisch. Begonnen habe ich mit kleineren Mehrfamilienhäusern. Jetzt bin ich schon bei einem Hochhaus angelangt. Das geht aber nur mit einem Assistenten.«

»Und weshalb knipsen Sie die Häuser?«

»Ich mache ein groß angelegte Studie über das Öffnen und Schließen von Fenstern.«

»Klingt ungemein spannend und wichtig für die Menschheit.«

»Meine Arbeit wird wie eine Bombe einschlagen. Ich werde nämlich nachweisen, dass Häuser wie lebende Organismen funktionieren.«

»Sie essen ihre Bewohner?«

»Nein, aber sie benötigen Luft zum Atmen. Sehen Sie dieses Haus? Es hat schätzungsweise 200 Fenster. Ich habe herausgefunden, dass sich die Fenster mit einer gewissen Systematik öffnen und schließen. Sie können sich das etwa so vorstellen: Wenn jemand sein Fenster nie öffnet, zwingt das Haus jemand anderen, es dafür umso regelmäßiger zu tun.«

»Dann bin ich schuld, dass mein Nachbar ständig das Fenster öffnen muss?«

»Das kann durchaus so sein. Häuser und Menschen haben ein kollektives Bedürfnis nach Frischluft. Mit meiner Fotoserie kann ich das beweisen.«

»Sie knipsen ein Haus im Minutentakt?«

»Bei kleinen Häusern genügt das, bei größeren muss ich mit mehreren Fotoapparaten arbeiten.«

»Und das Haus an der Moosackerstraße haben Sie wochenlang geknipst?«

»Ja. Mit überwältigendem Ergebnis. Die Systematik ist verblüffend.«

»Kann man auf den Fotos auch die Eingangstüre sehen?«

»Aber sicher. Doch die ist nicht interessant. Die öffnet und schließt sich nicht von alleine. Also ich meine, das Haus zwingt niemanden, es zu verlassen. Das Haus zwingt die Leute nur, ab und zu das Fenster zu öffnen.«

Ich bat Frau Halter, mir Einblick in ihr Fotoalbum zu gewähren. Wir trafen uns am Abend in ihrer Wohnung und sie zeigte auf einen meterhohen Stapel Abzüge, die alle das gleiche Haus zeigten.

»Ich habe die Fotos herausgesucht, die interessant für Sie sind. Eine junge, dunkelhaarige Frau ist nur auf etwa einem Dutzend Abzügen zu sehen.«

»Und auf welche Bilder trifft die Beschreibung zu?«

»Eigentlich nur auf dieses hier. Leider sind die Menschen nur schlecht zu erkennen. Aber das könnte die Frau sein, oder?«

»Allerdings. Und der Mann, der sie begleitet, kommt mir ebenfalls bekannt vor.«

»Tatsächlich? Das ist aber aufregend. Habe ich jetzt ein Verbrechen gelöst? Das wäre natürlich toll. Zuerst beweise ich, dass Häuser atmen und dann löse ich ein Verbrechen. Ich bin ein Genie, man muss mich für den Nobelpreis vorschlagen.«

Sie versprach, mir einen Abzug des Fotos machen zu lassen. Ich blieb eine Weile und ließ mir von Frau Halter eine Menge geöffneter Fenster zeigen. Es war früher Morgen, als ich mein Büro betrat und das Foto auf meinen Schreibtisch legte. Auf dem Bild war eine südländisch wirkende Frau mit ausgeprägter Nase zu sehen und neben ihr ein junger Mann, der dem Verleger Götschi verblüffend glich. Ich ließ das Foto, das den Verleger mit der mutmaßlichen Betrügerin zeigte, auf Posterformat vergrößern und klebte das Poster an die Tür des Verlags. Als Götschi sich erblickte, wurde er bleich und geständig.

»Ich kenne die Frau. Sie heißt Helen Heer und hat für mich gearbeitet.«

»Als Betrügerin, die den Abonnenten Ihrer Zeitschrift einen Schreck einjagte?«

»Nein. Sie war das, was man in Deutschland einen Drücker nennt. Sie hat Zeitschriftenabonnemente verkauft, drückte sich von Klingel zu Klingel. Ich hatte eine Affäre mit ihr, die sie jedoch beendete. Ich beendete dafür ihren Anstellungsvertrag.«

»Frau Heer wusste natürlich, wer die Zeitschrift *Eso-*

tera abonniert hatte. Deshalb war es für sie ein Leichtes, sich die richtigen Opfer auszusuchen.«

»Sie hat nicht die *Esotera* verkauft, sondern das *Tantra-Magazin*. Aber wahrscheinlich hat sie sich die Abo-Kartei kopiert.«

»Und Sie wussten nichts davon, dass Frau Heer sich neue Einnahmequellen sicherte?«

»Als Sie mir von den Betrügereien erzählten und mir eine Beschreibung der Frau gaben, wusste ich sofort, dass es sich um Helen handelt. Ich habe sie angerufen und ihr gesagt, dass sie mit dem Quatsch aufhören soll.«

»Doch sie hörte nicht auf, sondern ging noch einen Schritt weiter und tötete eine alte Dame.«

»Das kann ich nicht glauben. So skrupellos ist Helen nicht. Es muss ein Unfall gewesen sein. Vielleicht wurde die Frau ausfällig und Helen wehrte sich.«

Er gab mir resigniert die Adresse seiner ehemaligen Geliebten. Sie wohnte in einem Haus, das in kleine Zellen unterteilt war, die man großzügig Appartements nannte. Ihre Wohnung war dunkel und lärmig.

»Ich habe nichts gelernt, ich war verzweifelt und ohne Job, da kam mir die Idee mit dem Fluch. Es hat ja auch wunderbar geklappt bei dieser Frau Wipf.«

»Ihr Pech war aber, dass Frau Türler nicht zahlen wollte. Weshalb haben Sie die Frau umgebracht?«

»Damit habe ich nichts zu tun. Ich wollte Frau Türler zwar hereinlegen. Aber als ich bei ihr war, klingelte es an der Tür und Frau Türler schmiss mich raus, ehe ich etwas von dem Fluch erzählen konnte. Ein Mann stand vor der Tür, wahrscheinlich ihr Lover. Das war vor zwei Wochen. Danach war ich nie mehr bei Frau Türler.

»Und der Mann benahm sich wie der Geliebte von Frau Türler?«

»Aber ja doch. Die beiden stritten sich aber schon bald. Ich lauschte ein wenig durch die Tür.«

Wieder einmal schilderte mir jemand einen Dialog, den ich glücklicherweise nicht hautnah miterleben musste. Hauptakteure waren Frau Türler und ein Mann mit geradezu markanten Merkmalen.

»Das kannst du nicht von mir verlangen, Elisabeth. Das ist geradezu Erpressung.«

»Erpressung? Bist du noch bei Trost? Ich habe dir das Geld als Darlehen gegeben und jetzt möchte ich die Hälfte davon zurück. Das ist vertraglich so abgemacht.«

»Aber das geht jetzt nicht. Ich befinde mich finanziell in einer schwierigen, einer geradezu prekären Lage.«

»Du hast mich ausgenutzt. Und du schläfst nur noch einmal in der Woche mit mir. Bevor ich dir das Geld gab, kamst du fast jede Nacht zu mir.«

»Ich muss doch arbeiten, meine Kräfte einteilen. Es ist doch geradezu unmöglich, geschäftlich und sexuell erfolgreich zu sein. Soll ich dein Geld etwa für Viagra ausgeben?«

»Ich erwarte keine Höchstleistungen. In unserem Alter zählen andere Dinge. Aber du wendest dich von mir ab. Vermutlich suchst du nach einer neuen Geldquelle.«

»Das ist gemein, das weißt du ganz genau. Ich bin geradezu erschüttert über deine Unterstellungen.«

Frau Heer machte sich einen Tee. Er roch nach Parfüm. Sie schüttete viel Milch hinein und ließ die Tasse unberührt stehen.

»Mehr bekam ich leider nicht mit.«

»Das genügt«, sagte ich. »Ich würde sagen, es ist geradezu aufschlussreich.«

»Glauben Sie mir jetzt, dass ich nichts mit dem Tod der Frau zu tun habe?«

»Haben Sie das Geld noch, dass Sie Frau Wipf abgenommen haben?«

»Nicht mehr alles, aber mehr als die Hälfte. Etwa 7000.«

»Geben Sie mir das Geld und ich vergesse, wer Sie sind und was Sie getan haben.«

»Arbeitslosengeld kriege ich keins. Da bleibt mir nur der Weg zur Fürsorge. Ich kann Ihnen nicht garantieren, dass ich nicht rückfällig werde, früher oder später.«

Ich sagte ihr, dass wir früher oder später alle tot seien, was sie stirnrunzelnd zur Kenntnis nahm. Sie reichte mir die sieben Tausender und ich steckte alles brav in mein Jackett. Im Polizeipräsidium erkundigte ich mich nach den neuesten Ermittlungsergebnissen.

»Dank neuester Technologien können wir heute so gut wie alles analysieren, Maloney. Irgendwann wird es möglich sein, genau zu bestimmen, was jemand vor 25 Jahren frühstückte, weil das irgendwo im Körper eine winzig kleine Spur hinterließ. Ich habe gelesen, dass der Körper ein eigenes Gedächtnis hat. Zum Beispiel für Schmerzen. Wenn Sie als Kind auf den Kopf gefallen sind, kann das später immer wieder zu Kopfschmerzen führen, wenn sich der Körper an den Schmerz von früher erinnert.«

»Vielleicht sitzt das Gedächtnis der Polizisten irgendwo in der Hose und sie erinnern sich nur daran, wann und wo sie ihre Dienstjahre abgesessen haben.«

»Unser Labor hat am Körper von Frau Türler Hautpartikel gefunden, die von einem Mann stammen. Vermutlich um die sechzig Jahre alt, Fußballfan, Vegetarier mit billig gefertigten dritten Zähnen aus Ungarn. Der Mann hat wahrscheinlich vor drei Jahren ein Konzert der Wildecker Herzbuben besucht. Seltsam ist aber, dass der Mann laut Computer eine Lebenserwartung von bloß 38 Jahren und drei Monaten hat.«

»Und das steht alles in seinen Hautpartikeln?«

»Unser neuer Computer heißt Hansi. Es ist ein Prototyp, der anhand winzigster Partikel ganze Lebensläufe ausspuckt. Leider ist er nicht immer sehr präzise. Als wir ihn mit einem meiner Haare fütterten, spuckte er ein dreiseitiges Dokument aus, das besagte, dass ich eine 47-jährige Hausfrau aus Niederösterreich bin. Vielleicht sollten Sie uns auch ein paar Hautpartikel zur Verfügung stellen, Maloney?«

Ich machte mich aus dem Staub, bevor er mir an die Haut gehen konnte. Als ich meine Klientin aufsuchte, war sie nicht allein, was mich nicht erstaunte. Herr Schmidt lächelte glücklich neben Frau Wipf auf dem Sofa. Und seine Augen fixierten gierig die Tausender, die ich Frau Wipf zurückbrachte.

»Die Hälfte gehört Ihnen, Maloney. Damit ist die Geschichte für mich erledigt. Ich bestehe nicht darauf, dass die Frau gerichtlich belangt wird.«

»Weil Ihr Sohn sonst Wind davon kriegen könnte?«

»Ach, mein Sohn wird sich sowieso über seine alte Mutter ereifern, wenn ich ihm erzähle, dass ich noch einmal heiraten werde.«

»Das ist geradezu erstaunlich«, sagte ich.

»Sie sagen es geradezu«, sagte Herr Schmidt. »Wir sind uns in diesen Tagen und Stunden der Aufregung näher gekommen. Es war geradezu die Erregung, die der Aufregung folgte.«

»Ich bitte dich, Herr Maloney interessiert sich nicht für zwei alte Turteltauben, wie wir es sind.«

»Und ob er das tut. Vor allem wenn die eine Taube etwas unter ihrem Gefieder verbirgt.«

»Sie reden geradezu in Rätseln.«

»Sie waren mit Frau Türler befreundet, Herr Schmidt?«

»Befreundet ist geradezu übertrieben.«

»Sie borgte Ihnen Geld. Viel Geld.«

»Woher wissen Sie . . . Das ist geradezu unverschämt. Eine Unterstellung geradezu.«

»Du hast dir Geld von dieser Ziege geliehen?«, fragte Frau Wipf empört.

»Er hat mit Frau Türler geschlafen.«

»Eine unwürdige Vorstellung ist das.«

»Und er hat Frau Türler ermordet.«

»Das kann ich zwar gut verstehen, aber nicht gutheißen. Ich löse deshalb unsere Verlobung auf.«

»Das geht doch nicht. Maloney spielt doch nur mit uns, das ist geradezu infam.«

»Die Polizei verfügt über Hautpartikel des Mörders. Wetten, dass diese mit Ihrer Haut übereinstimmen?«

»Du hast deine Haut hoffentlich teuer verkauft«, sagte Frau Wipf abfällig.

»Es war ein Fehler, von Anfang an. Ich war geradezu geblendet von ihrem Geld.«

»Du hast es schamlos ausgenutzt, dass mich diese junge Frau hereingelegt hat. Du wolltest ihr diesen Mord anhängen. Das ist die Höhe.«

»Geradezu?«, fragte ich grinsend.

»Geradezu, Sie sagen es«, sagte Frau Wipf.

Herr Schmidt ließ sich wenig später ohne Handschellen abführen. Frau Wipf nahm es mir trotz allem übel, dass ich ihr das kurze Liebesglück zerstört hatte. Ich fuhr zurück in mein Büro, trank einen Whisky und legte mich geradezu unter meinen Schreibtisch. So geht das.

Schadenfreude

In meinem Büro war es so trocken, dass mein Faxgerät hustete, ohne dabei jedoch etwas Brauchbares auszuspucken. Ich öffnete das Fenster, und ein sibirisches Kribbeln bemächtigte sich meines Körpers. Als ich das hinter mich gebracht hatte, schloss ich das Fenster und drehte mich um. Die Frau, die in meinem Büro stand, sah aus wie eine etwas zu dünn geratene Verkehrsampel: Ihr Kopf war rot, die Zähne gelb und ihr Kleid grün.

»Ich bin Frau Salis. Ich möchte, dass Sie für mich arbeiten.«

»Soll ich Ihnen eine neue Tapete verpassen?«

»Tapete? Ich dachte, Sie sind Privatdetektiv.«

»Bin ich auch, aber nur, wenn ich nicht schlafe.«

»Und jetzt schlafen Sie?«

»Wenn das so wäre, dann wären Sie ein Traum von mir und das kann ich mir beim besten Willen nicht vorstellen.«

»Sie glauben, Sie können den Frauen mit Ihren Augenringen imponieren. Tut mir Leid. Aber ich finde zu große Ringe abscheulich.«

»Sehr gut, Frau Salis. Sie wissen ja, wo die Tür ist. Ich werde darauf verzichten, Sie die Treppe hinunterzustoßen.«

Sie räusperte sich, machte aber keine Anstalten aufzustehen.

»Ich möchte, dass Sie meine Schwester überführen.«

»Hat sie einen Mord begangen?«

»Ich traue ihr alles zu. Sie will mich fertig machen.«

»Und womit?«

»Sie schickt mir ständig ein Fax.«

»Andere Leute wären froh, sie würden ab und zu eins kriegen.«

»Hier, lesen Sie.«

Ich las. Es waren nur vier Buchstaben, jeweils zwei getrennt durch ein Komma, zweimal das gleiche Paar: *Ha, ha.*

»Ist das alles?«

»Genügt das nicht?«

»Sind Sie sicher, dass Ihre Schwester so was faxt?«

»Wer denn sonst? Sie glaubt, sie sei etwas Besseres, sie macht sich über mich lustig. Ich möchte, dass Sie sie überführen. Tausend Franken, Maloney.«

Ich sah Frau Salis an, den Tausender und dann wieder Frau Salis. Der Schein gefiel mir wesentlich besser. Die Frau hatte wahrscheinlich eine alte Rechnung mit ihrer Schwester zu begleichen, und ich sollte ihr dabei behilflich sein. Unsereins muss manchmal auch solch bescheuerte Fälle annehmen. Frau Salis übergab mir einen Stapel Papiere auf denen immer nur *Ha, ha* draufstand. Sie waren von ganz verschiedenen Orten aus gefaxt worden.

»Meine Schwester ist raffiniert und sie hat Geld.«

»Sind das Privatnummern?«

»Zum Teil. Ich habe bei den Leuten und den Firmen nachgefragt. Alle behaupten nicht zu wissen, wer das Fax geschickt hat.«

»Und Sie glauben, Ihre Schwester hat dutzende von Leuten bezahlt, damit diese Ihnen ein Fax schicken, auf dem *Ha, ha* draufsteht?«

»Sie will mich fertig machen. Dieses *Ha, ha* ist eindeutig. Das ist Schadenfreude. Sie macht sich über mich und mein Leben lustig.«

»Wie ist es denn so, Ihr Leben?«

»Mein Leben? Das geht Sie nichts an. Ich bin zufrieden. Das können nicht alle von sich behaupten.«

Sie gab mir die Adresse ihrer Schwester, die im Haus ihrer verstorbenen Eltern lebte. Frau Salis nannte die Adresse mit einem gehässigen Unterton. In dem alten, stabil gebauten Haus traf ich auf Herrn Roth, den Ehemann der Schwester. Er begrüßte mich wie einen Vertreter für Rheumawäsche.

»Was möchten Sie uns denn anbieten? Wissen Sie, ich komme selten unter die Leute, deshalb mag ich es, wenn Vertreter zu mir kommen. Von welcher Firma sagten Sie . . .?«

»Maloney. Telekommunikation.«

»Tatsächlich? Höchst interessant. Ich habe gerade gestern an einem Text . . . Moment mal, wo ist er denn?«

Er wühlte sich durch einen Berg Papier.

»Weg, einfach weg. Ich habe nämlich eine Anleitung für einen Telefonbeantworter übersetzt. Wissen Sie, ich übersetze Bedienungsanleitungen.«

»Tatsächlich? Ich besitze ein Faxgerät. In der Anleitung steht: Wenn Papier innen, müssen Sie den Gerät entwackeln.«

»Grauenhaft, ich weiß. Computerübersetzungen. Ganz billig und schnell. Ich liefere Qualität. Ist aber den meisten Herstellern zu teuer. Telekommunikation, sagten Sie?«

»Apropos Kommunikation, ist Ihre Frau zu Hause?«

»Ja, aber sie ist erkältet. Es hat sie vor zwei Tagen erwischt. Liegt an der Ernährung. Bin ganz sicher. Zu viel

Grünzeug. Ich sag immer, der Körper braucht Giftstoffe, immer nur gesundes Zeugs ist ungesund. Ja. Telekommunikation, sagten Sie?«

»Besitzt Ihre Frau ein Faxgerät?«

»Was ist denn das für eine Frage? Trauen Sie mir nicht zu, dass ich selber eins habe? Sehe ich aus, als wäre ich darauf angewiesen, dass meine Frau ein Faxgerät kauft?«

»Wer ist das? Hast du ihn hereingelassen?«

Frau Roth glich ihrer Schwester ganz enorm. Auch sie war groß und etwas zu mager, doch im Gegensatz zu ihrer Schwester trug sie dies alles mit Würde, und aus all ihren Bewegungen schloss ich, dass sie tief in sich drin blaues Blut spürte, und wenn es nur ein paar Tropfen waren, die irrtümlich dort gelandet waren.

»Dieser Mann heißt Maloney. Er ist, also er hat, Moment mal. Telekommunikation, sagten Sie?«

»Genau.«

»Ich weiß schon. Meine Schwester hat mich angerufen und mir gesagt, dass ein Privatdetektiv all meine Sünden aufdecken werde.«

»Privatdetektiv? Dann haben Sie gar nichts mit Telekommunikation zu tun?«

»Privat, ganz privat. Ihre Schwester behauptet, dass Sie sie mit anonymen Faxmitteilungen belästigen.«

»Das ist lächerlich. Unter meinem Niveau. Ich weigere mich, weiter darüber zu sprechen. Verlassen Sie bitte mein Haus. Ich bin ein wenig indisponiert, wie Sie sehen.«

»Meine Frau ist krank. Ich glaube, Sie haben gesagt, was es zu sagen gibt. Ja. So, so. Vielleicht könnte ich die Bedienungsanleitung für Ihr Faxgerät übersetzen? Sie sagten doch etwas von, äh, Telekommunikation?«

Ich ging nach draußen und ärgerte mich über meine Klientin, die mir in ihrem grenzenlosen Hass gegen ihre Schwester in den Rücken gefallen war. Noch ehe ich richtig Dampf ablassen konnte, sah ich, wie ein mir bekannter Mann im Garten mit einem Stemmeisen bewaffnet einem Gartenhäuschen auflauerte. Als ich bei dem Mann und dem Häuschen ankam, sah ich einen Körper, der in dem Gartenhäuschen am Boden lag.

»Keinen Schritt weiter, Maloney. Sie könnten Spuren verwischen.«

»Was denn für Spuren? Ich sehe hier nur eine Leiche.«

»Wurde uns anonym gemeldet. Kennen Sie die Besitzer des Grundstücks?«

»Kennen ist übertrieben. Falls Sie ins Haus wollen, rate ich Ihnen, auf das Wort Telekommunikation zu verzichten. Was ist das für ein Zettel auf der Leiche?«

»Rätselhaft, nicht wahr, Maloney? Auf dem Zettel steht eigentlich nichts Gescheites. Nur zweimal *H A*. Vielleicht eine Abkürzung.«

»Oder einfach nur *Ha, ha*. Es gibt Leute, die lachen so.«

»Tatsächlich? Was hat das zu bedeuten? Ist das Schadenfreude, Maloney?«

Ich erzählte ihm nicht von den beiden Schwestern, dafür sah ich mich, so gut es ging, in dem kleinen Holzhaus um. Neben der Leiche lag ein schweres Stück Metall, das mit dunkelroter Farbe überzogen war. Es passte nur zu gut zu der Wunde am Hinterkopf des toten Mannes.

Hugentobler holte Verstärkung und ich ging zurück ins Haus, um mit dem Ehepaar Roth zu sprechen. Frau Roth war immer noch erkältet und Herr Roth sah mich an, als versuche er meine eigene Bedienungsanleitung zu übersetzen.

»Ein Toter in unserem Gartenhaus? Wie furchtbar.«

»Wissen Sie, wer der Mann ist?«

»Noch nicht«, sagte Hugentobler. »Es sieht aber ganz so aus, als sei er ermordet worden.«

»Ein Mord? Auf unserem Grundstück? Ich habe immer gesagt, wir sollten das Gartenhaus abreißen lassen. Es wird sowieso von niemandem benutzt.«

»Wann waren Sie zum letzten Mal in dem Haus?«

»Das muss Jahre her sein. Nicht war, Richi?«

»Eh, ja. Das heißt, das stimmt nicht ganz. Ich war ab und zu in dem Gartenhaus. Um mich, äh, zu entspannen.«

»Davon hast du mir nie etwas erzählt.«

»Wann waren Sie zuletzt da?«, fragte ich und erntete einen tadelnden Blick von Hugentobler.

»Letzte Woche.«

»Bei dieser Kälte? Was machst du denn in dem Gartenhaus? Richi, du bist mir eine Erklärung schuldig.«

»Später Marianne, später.«

»Möchten Sie die Erklärung der Polizei abgeben, Herr Roth?«

»Richi!«

»Nein, das möchte ich nicht. Es ist mir einfach etwas peinlich.«

»Du hast doch nicht etwa heimlich in dem Buch geblättert? Ich habe dir gesagt, du sollst das Buch wegschmeißen.«

»Ein Porno?«, fragte ich.

»Wo denken Sie hin.«

»Viel schlimmer! Viel, viel schlimmer. Los, Richi, sag es ihm.«

»Ja. Ich habe heimlich in dem Buch geblättert.«

»Richi! Was für eine Enttäuschung.«

»Ich konnte einfach nicht widerstehen. Diese Bilder.

Phantastisch. Wissen Sie, richtig künstlerisch fotografiert. Da läuft einem das Wasser im Mund zusammen.«

»Also doch ein Porno«, sagte Hugentobler.

»Nein, ein Kochbuch.«

»Richi! Nie hätte ich gedacht, dass du heimlich . . .«

»Was denn?«, fragte ich. »Ein verbotenes Kochbuch? Vielleicht mit dem Rezept für Satansbraten?«

»Nein. Ein Kochbuch mit dem Titel *Braten und Grillieren*. Mit Bildern. Dieser englische Braten, ein Genuss.«

»Du hast mir versprochen, das Buch wegzuwerfen.«

»Meine Frau ist Vegetarierin.«

»Du hast es mir versprochen, Richi. Was für eine Enttäuschung.«

Ich lächelte verständnisvoll und schaute mich nach Fluchtmöglichkeiten um. Die beiden waren glücklicherweise so miteinander beschäftigt, dass ich unauffällig abhauen konnte. Ich vermied es, bei meiner Klientin anzurufen, denn nach allem, was ich bisher erlebt hatte, musste ich mit dem Schlimmsten rechnen. Stattdessen sprach ich mit dem jungen Mann, der mit einem gefährlich aussehenden Tornister auf dem Rücken und einer Art Schlauch in der Hand Richtung Gartenhaus marschierte.

»Frau Roth hat mir gesagt, dass ich umgehend das Gartenhaus desinfizieren soll. Und wenn Frau Roth umgehend sagt, dann meint sie sofort. Das habe ich in all den Jahren begriffen.«

»Sie scheinen mir ja ein ganz Schlauer zu sein. Aber in das Gartenhaus dürfen Sie nicht, da wurde eine Leiche gefunden.«

»Frau Roth sagt, diese Leiche geht sie nichts an.«

»Hat sie Ihnen vielleicht vor ein, zwei Tagen den Auftrag gegeben, umgehend den Mann im Gartenhaus zu beseitigen?«

»Nein, hat sie nicht. Frau Roth ist eine gute Chefin.«

»Und Herr Roth?«

»Ich versuche, ihn nicht zu beachten. Es gelingt mir vorzüglich, wie Frau Roth sagen würde.«

Er gehörte zu der Sorte Angestellter, die man mit den Worten treu und ergeben nur ungenügend charakterisieren konnte. Genau genommen war er treu wie ein Esel und ergeben wie ein Deutsches Bataillon vor Stalingrad. Ich ging in eine Telefonzelle und rief meine Auftraggeberin an. Sie war begeistert, als ich ihr von dem Leichenfund erzählte. Alles, was ihrer Schwester schadete, versüßte ihr Leben. Bei der Polizei war man weniger begeistert. Ich ging trotzdem hin und atmete die abgestandene Luft von Tausenden von Verhören.

»Üble Sache, Maloney. Ein stadtbekannter Landstreicher.«

»Tatsächlich? Welches Land hat er denn angestrichen?«

»Hatte über zwei Promille im Blut. So wie es in dem Gartenhaus aussah, hat er mehrere Nächte darin verbracht.«

»Mehrere Nächte, sagten Sie? Lag irgendwo ein Kochbuch herum?«

»Landstreicher besitzen selten Kochbücher, Maloney. Das sollten Sie wissen, Sie streichen schließlich auch öfter übers Land.«

»Sonst haben Sie nichts gefunden?«

»Nein. Aber etwas erhalten. Vor wenigen Minuten. Ein Fax.«

»Das gibt es nicht.«

»Doch, doch, Maloney. Und raten Sie mal, was auf dem Fax draufsteht?«

»*Ha, ha?*«

»Genau. Aber noch mehr. Hier, sehen Sie?«

Er zeigte auf das Fax und ich las: *Ha, ha. Unter der einen liegt noch mehr.*

»Was denn? Noch eine Leiche?«

»Meine Mitarbeiter sind bereits ausgerückt. Mit Schaufeln, Maloney.«

Er sah mich viel sagend an und ich sah nichts sagend zurück. Dann hämmerte er mit seinen Fingern auf einer kleinen Tastatur, die mit einem Computer verbunden war. Nach etwa einem halben Dutzend Schlägen begann der Computer seltsame Geräusche von sich zu geben und der Polizist ging in Deckung. Ich drehte mich um und ging. Als ich in den Bus stieg, stand das Polizeipräsidium noch. So schlimm konnte es nicht gewesen sein.

Die Polizei grub und wurde fündig. Nur einen Meter unter der Erdoberfläche wurde ein männliches Skelett gefunden. Der herbeigerufene Gerichtsmediziner wollte noch keine genauen Prognosen wagen, sagte aber, dass die Leiche unter Umständen schon zwanzig Jahre da liegen könnte. Das Ehepaar Roth war sichtlich geschockt über den erneuten Leichenfund.

»Grauenhafte Vorstellung. Andererseits hatte ich immer das Gefühl, nicht ganz alleine in dem Gartenhaus gewesen zu sein.«

»Das war dein schlechtes Gewissen, Richi.«

»Nein, nein, das war etwas anderes. Ich glaube zwar nicht an Metaphysik, aber irgendwie habe ich den Toten gespürt.«

»Aber nie so sehr, dass Sie auf die Idee gekommen wären, mit der Schaufel nach ihm zu suchen?«, fragte ich.

»Selbstverständlich nicht. Wer sucht schon freiwillig nach Leichen? Ich jedenfalls nicht.«

»Wie lange liegt diese Leiche schon dort?«, fragte Herr Roth nachdenklich.

»Möglicherweise schon über zwanzig Jahre«, sagte ich.

»Zwanzig Jahre? Das war ja noch vor meiner Zeit«, sagte Herr Roth.

»Allerdings. Moment mal . . . Aber das kann doch nicht sein . . .«, stammelte Frau Roth.

»Was kann nicht sein?«

»Ach nichts, war nur ein Gedanke, hat aber nichts zu bedeuten.«

Ich ging in mein Büro und schaute nach, ob ich vielleicht auch ein Fax mit einer seltsamen Mitteilung erhalten hatte. Doch das Gerät schlief und die drei Millimeter dicke Staubschicht darauf sah nicht sehr einladend aus. Das konnte man von dem Chauffeur der Familie Roth auch nicht behaupten, obwohl er noch keinen Staub angesetzt hatte. Er stand mir mit einem eifrigen Lächeln auf dem Gesicht gegenüber.

»Ich habe von dem Leichenfund gehört, Maloney. Und mir ist etwas in den Sinn gekommen.«

»Tatsächlich? Sie wollen doch nicht etwa Ihre Arbeitgeber belasten? «

»Nein, im Gegenteil. Ich habe in den vergangenen Wochen die Schwester von Frau Roth einige Male im Garten gesehen.«

»Tatsächlich? Und was machte sie im Garten?«

»Ich habe sie nicht gefragt. Es geht mich ja nichts an. Sie darf den Garten betreten, das hat Frau Roth ausdrücklich gesagt.«

»Dann ist ja alles in Ordnung.«

»Das dachte ich auch, bis ich von dem Skelett hörte. Die Schwester von Frau Roth hatte nämlich vor Tagen

eine Schaufel dabei und sie verschwand in dem Gartenhaus.«

»Und vergrub dort das Skelett? Das klingt ein wenig
albern, junger Mann.«

»Vielleicht hat sie es aus einem Schulhaus gestohlen,
um damit Frau Roth zu belasten. Die beiden Schwestern
mögen sich nicht.«

»Das ist allgemein bekannt.«

»Was aber nicht so bekannt ist, ist die Tatsache, dass
die Schwester von Frau Roth nicht ganz normal ist. Sie
stand jahrelang unter Vormundschaft.«

»Tatsächlich? Und weshalb?«

»Sie hat immer wieder behauptet, ihre Schwester hätte
ihren Liebhaber umgebracht.«

»Tatsächlich? Und wann soll das gewesen sein?«

»Oh, das ist lange her. Über fünfzehn Jahre, glaube ich.
Die beiden Schwestern waren damals in denselben
Mann verliebt. Das ist dem aber zu viel geworden und
eines Tages ist er plötzlich verschwunden.«

Der Chauffeur wusste nicht mehr, als er mir schon erzählt hatte. Es genügte mir, um mich bei meiner Klientin
zu melden, doch die war nicht zu Hause. So besuchte ich
ihre kranke Schwester: Ihr Mann war glücklicherweise
außer Haus.

»Weshalb überlassen Sie die Arbeit eigentlich nicht
der Polizei? Meine Schwester möchte mir ja nur zu gerne
einen Mord anhängen, aber damit kann ich nicht dienen.«

»Sie haben sich vorhin, als ich bei Ihnen war, an etwas
erinnert. Was war das?«

»Ach, eine Geschichte die lange zurückliegt. Diese Geschichten sollte man ruhen lassen.«

»Bis sie eines Tages ausgegraben werden.«

»Zugegeben, ich habe einen Moment lang auch an so etwas gedacht, aber der Gedanke ist absurd.«

»Was geschah vor zwanzig Jahren hier im Garten, Frau Roth?«

»Eigentlich nichts. Ich war damals mit einem jungen Mann zusammen, Tschudi hieß er. Meine Schwester war ebenfalls in ihn verliebt und hat sich offenbar Chancen ausgerechnet. Da lag sie aber völlig falsch. Tschudi entschied sich für mich und wollte das meiner Schwester sagen. Doch er kam nicht mehr dazu. Er war plötzlich weg. Verschwunden, tauchte nie wieder auf. Ich habe Jahre gebraucht, um darüber hinwegzukommen.«

»Und Ihre Schwester?«

»Sie hat es, glaube ich, nie verkraftet. Unser Vater starb nur wenige Tage nach Tschudis Verschwinden an einer Herzattacke. Das hat ihr noch mehr zu schaffen gemacht.«

Jetzt war es an der Zeit, meine Klientin zur Rede zu stellen. Es dauerte zwei Stunden, bis sie endlich auftauchte. Sie hatte eine Tasche dabei, aus der sie ein kleines Faxgerät holte. Als ich vor sie hintrat, wurde ihr Gesicht ganz weiß und ihre Beine knickten weg wie morsche Äste. Ich konnte sie gerade noch auffangen. Wochen später traf ich den Polizisten, der den Fall längst zu den Akten gelegt hatte.

»So wie es aussieht, hat Ihre Klientin diesen Herrn Tschudi damals ermordet, als er ihr mitteilen wollte, dass er sich für ihre Schwester entschieden hatte. Der Vater der beiden Schwestern war zufällig Zeuge des Mordes geworden und half seiner Tochter beim Vergraben der Leiche. Das Ganze machte ihm aber so zu schaffen, dass er wenige Tage später an einem Herzanfall starb.«

»Aber weshalb kam die Mörderin zwanzig Jahre später auf die Idee, sich selbst Faxbotschaften zu schicken und sich schließlich selbst zu denunzieren?«

»Sie hat mittlerweile gestanden, auch den Landstreicher ermordet zu haben. Sie wollte das Gartenhaus aufsuchen, um wieder einmal ganz in der Nähe ihrer toten Liebe zu sein, als sie auf den Landstreicher traf und so erschrak, dass sie mit einem Metallgegenstand auf den Mann einschlug.«

»Und dann wollte sie die Leiche ebenfalls begraben?«

»Nein, sie wollte nicht, dass der Landstreicher neben ihren Geliebten zu liegen kam.«

»Üble Sache, Maloney. Aber warum diese umständliche Selbstdenunziation?«

»Sie hoffte eine Zeit lang, sie könne den Verdacht auf ihre Schwester lenken, die trotz der Geschichte ein glückliches Leben führt.«

Meine Klientin wurde in eine Klinik eingeliefert, aus der sie nicht mehr lebend herauskam. Ich dachte an Herrn Roth und sein ungestilltes Verlangen nach Frischfleisch und machte mir einen Spaß daraus, ihm Bilder von besonders deftigen Braten zu schicken. Er dankte es mir, indem er mich, ab und zu, zu einem Glas Bourbon einlud. So geht das.

Das Jubiläum

In meinem Büro stapelten sich alte Schuhe, die mir ein ehemaliger Klient vermacht hatte, bevor er in die Südsee abreiste. Da er zwei Köpfe kleiner war als ich und sich seine Füße diesen Proportionen angepasst hatten, konnte ich mit den Dingern nichts anfangen. Ich bot sie deshalb Fridolin Wolf an, der an einem kühlen Februarmorgen mein Büro betrat.

»Danke, aber ich habe selber einen Schrank voll alter Schuhe. Je älter ich werde, umso weniger kann ich wegwerfen. Sie haben in der Zeitung sicher von dem Mord an Gottlieb Hupf gelesen?«

»War das dieser Spinner, der unbedingt in die Politik wollte, aber nie gewählt wurde?«

»22-mal hat er sich für ein Regierungsamt aufstellen lassen. 22-mal ist er bei den Wahlen gescheitert. Gottlieb Hupf ist eine Legende. Keinem lag die Demokratie mehr am Herzen als ihm.«

»Vielleicht hätte er mit einem Herzschrittmacher mehr Glück gehabt.«

»Sein Herz war in Ordnung. Er wurde erschlagen. Äußerst brutal. Das kann nur eine Frau gewesen sein.«

»Aha, und welche Frau verdächtigen Sie?«

»Eine dieser Feministinnen. Gottlieb Hupf und ich, wir waren die letzten aufrechten Männer der Schweiz. Ich bin es immer noch. Aber Gottlieb . . .«

»Ja, ja, der gute Gottlieb ist ins Jenseits gehupft.«

»Wir waren drauf und dran, den endgültigen Beweis zu liefern.«

»Aha. Und wofür?«

»Die Abstimmung vor 25 Jahren war manipuliert. Die Schweizer Männer haben das Frauenstimmrecht nie und nimmer begrüßt. Ganz im Gegenteil. Das ist der größte Skandal in der Geschichte dieses Landes. Aber das hat niemanden interessiert. Diese Journalisten sind doch alles Schlappschwänze, Hausmänner, Waschlappen. Gottlieb und ich waren nahe dran. Deshalb musste Gottlieb sterben.«

»Und jetzt haben Sie Angst, dass Sie eines Tages ebenfalls von einer allein erziehenden Mutter erschlagen werden?«

»Ich möchte, dass man Gottliebs Mörderin fasst. Und ich möchte, dass endlich die Wahrheit ans Tageslicht kommt. Nicht irgendeine Wahrheit, sondern meine Wahrheit, die endgültige, Sie verstehen?«

Der Mann hatte mehr als nur eine Schraube locker. Da ich es mir aber nicht leisten konnte, meine Klientel auszusuchen, beschloss ich, dem Mann zu helfen oder ihn zumindest um eine nette Summe zu erleichtern. Ich besuchte als Erstes eine bekannte Politologin, die fröhlich lächelte, als ich ihr den Namen meines Klienten nannte.

»Ach ja. Fridolin Wolf. Wenn er nicht so eine Nervensäge wäre, könnte man ihn richtig lieb haben. Er hat nicht nur keine Ahnung, er muss es auch noch jedem kundtun.«

»Und was ist mit Gottlieb Hupf?«

»Gottlieb war anders. Es ging das Gerücht, dass er im zarten Alter von siebzehn Jahren von einer Angebeteten so heftig geküsst wurde, dass er das Bewusstsein verlor und während Stunden klinisch tot war. Seither mied er nicht nur alle Frauen, er sah in ihnen die Wurzel allen Übels.«

»Hupf war ein alter Mann. Weshalb sollte ihn jemand umbringen? Wer ihn hasste, hatte die Zeit zum Verbündeten.«

»Ich kann mir ehrlich gesagt nicht vorstellen, dass er wegen seiner politischen Aktivitäten getötet wurde. Im Übrigen habe ich sämtliche Abstimmungsergebnisse der vergangenen dreißig Jahre analysiert. Dabei bin ich zum Schluss gekommen, dass die Frauen genau die gleichen Idioten wählen wie die Männer. Wissen Sie, in einer Demokratie sind nicht die Männer oder die Frauen das Problem. Beide zusammen sind das Problem. Solange es keine strengen Prüfungen gibt, um herauszufinden, wer politiktauglich ist, wird sich auch nichts ändern. Ich bin schon lange dafür, dass man alle Idioten von den Abstimmungen ausschließt. Dann könnte ich endlich alleine entscheiden, was aus diesem Land werden soll.«

Ich bedankte mich bei ihr und machte mich schleunigst aus dem Staub. Offenbar war ich wieder einmal mitten im Irrenhaus des Lebens gelandet. Fehlte bloß noch ein stadtbekannter Polizist. Doch als ich in mein Büro zurückkam, traf ich nicht auf das wandelnde Kreuzworträtsel, sondern auf eine Frau, die mir nervös den Rauch einer Zigarette über den Schreibtisch pustete.

»Ich habe von Herrn Wolf erfahren, dass Sie den Mord an Gottlieb Hupf aufklären möchten.«

»Sehr gut. Möchten Sie zuerst duschen oder gleich ein Geständnis ablegen?«

»Ich habe heute schon geduscht.«

»Sehr gut. Aber ein Geständnis haben Sie heute noch nicht abgelegt, oder?«

»Ist Ihnen nicht gut?«

»Mir geht es prächtig. Die Sonne scheint, mein Bankkonto errötet vor Scham und ich sitze da und höre mir nette Geschichten von netten Frauen an.«

»Gottlieb Hupf hat bei mir eingebrochen.«

»Unberechenbar, dieser Kerl. Gestern noch im Jenseits, und heute wühlt er wieder in fremden Schränken.«

»Er hat vor seinem Tod bei mir eingebrochen. Er hat Unterlagen gestohlen, die ich zurückhaben möchte.«

»Und weshalb erst jetzt?«

»Ich habe den Einbruch erst vor zwei Tagen bemerkt. Ich war weg, lange weg. In einem Zimmer bewahre ich die Hinterlassenschaft meines Vaters auf. Mein Vater war vor 25 Jahren unter anderem für eidgenössische Abstimmungen zuständig. All seine Notizen und Akten sind verschwunden. Das muss Hupf gewesen sein.«

»Und was ist mit Wolf?«

»Wolf ist ein Idiot. Hat immer nur nachgeplappert, was ihm Hupf vorgekaut hat. Nein, es muss Hupf gewesen sein. Verdammt noch mal, ich brauche das Material, ich möchte eine Arbeit über meinen Vater schreiben.«

»Und was soll ich für Sie tun? Im Jenseits anklopfen und Gottlieb Hupf vom Männerstammtisch wegrufen?«

»Das Material muss heute bei Wolf zu finden sein. Er verwaltet Hupfs Nachlass. Und Wolf ist Ihr Klient. Sprechen Sie mit dem Mann. Mir wird übel, wenn ich ihn sehe.«

»Wieso? So schlimm sind seine schiefen Zähne gar nicht.«

»Wolf erinnert mich an meinen Exmann. Schauen Sie nicht so, Maloney. Genauso hat mein Exmann immer dreingeschaut.«

»Soll ich Ihnen einen Kaffee machen?«

»Nur das nicht. Kaffeemaschinen erinnern mich auch an meinen Exmann.«

»Gibt es etwas, das Sie nicht an Ihren Exmann erinnert?«

»Ja. Flussnilpferde. Leider gibt es davon nur wenige in der Stadt.«

Ich nickte verständnisvoll und kniff mich in den Arm. Als ich aus dem Traum aufwachte, saß Frau Gerlach immer noch vor mir. Mir blieb wieder einmal nichts erspart. Ich versprach ihr, mich um die Hinterlassenschaft ihres Vaters zu kümmern.

Fridolin Wolf empfing mich in einer muffigen Wohnung, wo neben alten elektronischen Geräten eine Menge Bücher und vergilbte Zeitungen herumlagen.

»Ja, diese Gerlach war bei mir. Hat sich schamlos aufgeführt. Wollte in meinen persönlichsten Dingen herumstöbern.«

»Stimmt es, dass Gottlieb Hupfs Nachlass von Ihnen verwaltet wird?«

»Ja. Schließlich waren wir Verbündete, Kämpfer bis zuletzt.«

»Halten Sie es für möglich, dass Hupf tatsächlich bei dieser Gerlach eingebrochen hat?«

»Gottlieb ging nie freiwillig in die Wohnung einer Frau. Nicht mal, wenn man ihn dafür bezahlt hätte. Er hasste alle Frauen. Ich dagegen konnte immer gut zwischen Politik und Bett unterscheiden.«

»Ich schlage vor, dass wir gemeinsam Gottlieb Hupfs Nachlass durchblättern und nach Anhaltspunkten suchen, ob er tatsächlich ein Einbrecher war.«

»Nein. Das möchte ich nicht. Ich möchte Gottliebs Hinterlassenschaft vorerst nicht anrühren. Aus Pietät.«

»Die Pietät können Sie sich sonst wohin stecken. Sie haben mir den Auftrag gegeben, den oder die Mörder von Gottlieb Hupf zu finden.«

»Es muss eine Frau gewesen sein. Das sagte ich Ihnen schon. Vermutlich eine allein erziehende, lesbische Vegetarierin, die Mitglied einer postmarxistischen Partei ist. Solche Auswüchse gab es früher nicht. Da hatten wir Männer die Hosen an.«

Ich ließ ihn stehen und ging aufs Polizeipräsidium. Hugentobler war gerade dabei, die Packungsbeilage eines Medikaments zu studieren.

»Üble Sache, Maloney. Eine Frau hat sich die Speiseröhre damit verätzt. Jemand erpresst eine Apotheke und fordert als Lösegeld, dass ab sofort keine Tennisspiele mehr im Fernsehen übertragen werden.«

»Und was ist mit dem Mord an Gottlieb Hupf?«

»Was soll schon mit ihm sein? Er wurde erschlagen, von hinten, vermutlich mit einem Hammer. Sollen wir deswegen alle Handwerker der Stadt vernehmen?«

»Wie wäre es mit den Handwerkerinnen? Hupf soll bei gewissen Frauen nicht sehr beliebt gewesen sein.«

»Ach wissen Sie, Maloney, in der Politik gibt es auf allen Seiten Fanatiker. Es sieht aber so aus, als hätte der Mord keine politischen Motive. Wir wissen nämlich so gut wie sicher, wer Hupf umgebracht hat.«

»Toll. Und weshalb verhaften Sie die Person nicht?«

»Alles zu seiner Zeit. Sehen Sie das Faxgerät, Maloney? Ganz neu. Die Haftbefehle kommen direkt vom Staatsanwalt via Fax zu uns. Leider hat der Staatsanwalt Probleme mit seinem Faxgerät. Seit drei Wochen empfangen wir nur leere Seiten.«

»Das nenne ich Effizienz. Wie heißt der Mörder und wo wohnt er?«

»Ein Zeuge hat gesehen, wie eine junge Frau aus Hupfs Wohnung rannte und in einem PKW wegfuhr. Der Zeuge hat sich die Autonummer aufgeschrieben.«

Nach einigem guten Zureden erhielt ich die Adresse der jungen Dame. Sie lebte zusammen mit einem Mann in einer billigen Altwohnung, in der es nach Fischabfällen stank. Eine Katze strich klagend durch die Wohnung, während mir die junge Frau aus ihrem interessanten Leben erzählte.

»Morgens zwischen zehn und zwölf bin ich im Fitnessstudio. Mittagessen mag ich nicht, ich schlafe lieber eine Stunde. Am Nachmittag bin ich dann wieder im Fitnessstudio und abends gönne ich mir eine professionelle Massage.«

»Trainieren Sie für die Olympischen Spiele?«

»Nein. Arbeit und Fernsehen schadet unserer Gesundheit. Ab und zu ein Buch lesen liegt noch drin. Aber sonst sollte man einfach fit bleiben.«

»Ein bisschen eintönig, finden Sie nicht? Wie steht es mit Männern?«

»Meinen Sie Sex?«

»Zum Beispiel.«

»Darüber rede ich nicht. Ich dachte, Sie machen eine seriöse Reportage über junge Menschen. Arbeiten Sie für das Seniorenmagazin?«

»Sehe ich etwa so aus?«

»Etwas mehr Fitness würde Ihnen nicht schaden.«

»Ich stemme täglich mehrere Gläser. Einhändig.«

»Sie trinken Alkohol?«, fragte sie und verzog dabei voller Abscheu ihre Mundwinkel.

»Ja, und ich esse Tiere, und Sie werden es nicht glauben, ich habe sogar geraucht und in meiner Jugend Frauen wie Sie betört.«

»Das kann ich mir nicht vorstellen. Ein Mann, der nach Alkohol riecht, ist schlimmer als eine kalte Bettflasche. Tut mir Leid, ich muss jetzt weg.«

Sie ging und ich wartete im Treppenhaus. Eine Stunde verstrich, während der ich mir überlegte, ob ich nicht eine Jahreskarte für ein Fitnessstudio kaufen sollte. Schließlich möchte unsereins nicht leer ausgehen, wenn dereinst alle Frauen nur noch in modernen Folterkammern anzutreffen sind. Wenig später erlöste mich ein junger Mann aus meinen trübseligen Gedanken. Es war der, der mit der gesunden Frau zusammenwohnte.

»Was ist los? Möchten Sie zu Sarah? Sie ist im Training.«

»Ganz langsam. Haben Sie von dem Mord an Gottlieb Hupf gehört?«

»Hupf? Nein. Ich lese keine Zeitungen. Ich lese nur Bücher. Literatur. Fragen Sie mich nach Thomas Mann und ich sage Ihnen, was ich über ihn weiß.«

»Mich würde interessieren, was Sie über Ihre Wohnpartnerin wissen.«

»Ach die. Ist die langweiligste Person, die ich kenne. Fitness und sonst nichts.«

»Und wie finanziert sie die Miete?«

»Das ist eines der Rätsel, das die Menschheit irgendwann einmal lösen wird. Allerdings ohne meine Mithilfe.«

Er verschwand in der Wohnung und ich stand ratlos im Treppenhaus herum. Als ich wenig später meinen Klienten besuchte, staunte ich nicht schlecht. Fridolin Wolf hielt eine Knarre in der Hand, die er auf Frau Gerlach richtete.

»Sie hat ihn umgebracht. Sie ist eine Radikale. Sieht sie nicht aus wie eine Quotenfrau?«

»Blödsinn. Ich bin gegen Quoten. Quoten fördern das Mittelmaß. Ich mag diese hysterischen Weiber nicht, die hinter allem eine Verschwörung der Männer sehen. Wir Frauen sind die Mehrheit, wir bestimmen wo's lang geht. Wir wählen die Politiker und Politikerinnen, wir sind selber schuld, wenn sich nichts ändert.«

»Das ist alles gelogen. Sie tut nur so, als sei sie politisch unkorrekt. In Tat und Wahrheit ist sie wie all die jämmerlichen Journalisten, die sich bei jedem Satz, den sie schreiben, überlegen, ob die Gewerkschaft, die grüne Gemeinderätin und die angebetete Feministin etwas dagegen einzuwenden hätten. Sie wollte bei mir einbrechen und Gottliebs Andenken schänden. Sie hat mir gesagt, dass sie Gottlieb erschlagen hat.«

»Das habe ich nicht. Dieses Land braucht Idioten wie Sie, die ständig von den wahren Problemen ablenken.«

Sie marschierte auf Wolf zu. Dieser begann zu zittern und ließ seine Waffe fallen. Ehe ihn Frau Gerlach erwürgen konnte, ging ich dazwischen und trennte die beiden, was mir einige blaue Flecken bescherte. Mein Klient saß geknickt auf einem Sofa, während Frau Gerlach in den Papieren des verstorbenen Gottlieb Hupf blätterte. Mit jedem Blättern und mit jeder Zeile, die sie las, schüttelte sie ungläubiger den Kopf.

»Das gibt's nicht. Das darf einfach nicht wahr sein.«

»Es ist traurig«, stammelte Wolf. »So traurig.«

»Mir kommen gleich die Tränen«, sagte ich. »Soll ich eine Familienpackung Taschentücher einkaufen?«

»Unfassbar. Der Mann war verrückt. Total verrückt.«

»Er war nicht verrückt. Das Leben hat ihm übel mitgespielt. Das Leben und die Frauen.«

»Ist das ein Grund, Tausende von Wetterberichten zu sammeln?«

»Wie bitte?«, fragte ich.

»Es ist traurig«, sagte Wolf. »Ich konnte es zuerst nicht fassen. Gottlieb hat immer gesagt, dass er in seinem Aktenschrank all die Beweise gesammelt hat, mit denen wir eines Tages gemeinsam an die Öffentlichkeit gehen wollten. Beweise für den größten politischen Skandal, der die Schweiz je erschüttert hat. Und dann das.«

»Wetterberichte?«, fragte ich erstaunt.

»Der Mann muss total übergeschnappt gewesen sein. Alles schön ausgeschnitten. Er hat die Wetterseiten von mindestens zehn Zeitungen gesammelt.«

»Er suchte nach einem Zusammenhang zwischen der Klimaverschiebung und dem Frauenstimmrecht«, sagte Wolf kopfschüttelnd.

»Und was ist mit den Unterlagen, die er angeblich bei Ihnen gestohlen hat?«, fragte ich Frau Gerlach.

»Ich weiß es nicht. Bis jetzt habe ich noch keine gesehen.«

»Jetzt, wo Sie wissen, wie es um Gottlieb bestellt war, spielt es keine Rolle mehr. Ja, er hat bei Frau Gerlach eingebrochen. Er dachte tatsächlich, er würde Material bei ihr finden.«

»Und? Hat er?«

»Allerdings. Tausende von Seiten über Schäfchenwolken und Sommergewitter.«

»Aber natürlich, mein Vater war Hobbymeteorologe.«

»Er hat bei Ihnen eingebrochen, um an die Wetterprognosen zu kommen?«

»Er ist verrückt geworden«, sagte Wolf. »Und ich habe es nicht bemerkt.«

»Halt«, sagte Frau Gerlach. »Da ist noch etwas.«

»Ja, ein paar private Aufzeichnungen Ihres Vaters. Nur ganz wenige. Ich habe sie gelesen.«

»Das ist doch ein Motiv! Hupf hat jemanden erpresst. Aber natürlich. Sehen Sie sich das an.«

Ich las die Unterlagen und staunte. Frau Gerlachs Vater wusste etwas über einen einflussreichen Politiker, das diesen vor zwanzig Jahren ganz schön in Bedrängnis gebracht hätte. Offenbar hatte Gottlieb Hupf sofort gewusst, was diese Unterlagen wert waren. Ich benachrichtigte Hugentobler und ging mit ihm zusammen in ein Fitnessstudio.

»Muss das denn sein, Maloney? Ich trage nicht einmal die richtigen Kleider. Ehrlich gesagt weiß ich nicht, ob ich ein Loch in der linken Socke habe.«

»Das macht nichts. Haben Sie wenigstens den Haftbefehl dabei?«

»Er kam heute Morgen. Ein Fahrradkurierdienst. Brauchte nur drei Tage, um sich durch den Verkehr zu schlängeln. Toll, diese Radfahrer.«

»Da vorne ist sie.«

»Und wer ist der Mann neben ihr?«

»Ein Intellektueller. Weiß alles über Thomas Mann.«

»Liegt gegen diesen Mann auch ein Haftbefehl vor?«

Ich schwieg, und gemeinsam näherten wir uns den schwitzenden Gestalten. Eine nette Frau in buntem Trikot warf uns vorübergehend aus dem Studio, was ihr nicht leicht fiel, weil sich Hugentobler mit seiner Dienstmarke wehrte. Ich ließ mir einiges gefallen und wartete vor dem Studio, bis sich alles beruhigt hatte. Schließlich erschien das schöne Paar.

»Sie schon wieder? Haben Sie noch mehr Fragen oder möchten Sie ein Foto machen für Ihre Reportage?«

»Weder noch. Das heißt, eine Frage hätte ich schon. Gibt es ein paar hübsche Übungen, die sich auch in einer feuchten Zelle turnen lassen?«

»Unsere Zellen sind nicht feucht, Maloney. Wir bieten einen absolut gesunden Aufenthalt bei Vater Staat.«

»Müsste das politisch korrekt nicht Familie Staat heißen?«

»Vater, Mutter, Familie, was soll der Scheiß?«, fragte Kunz.

»Ich bitte Sie«, sagte ich. »Drücken Sie sich etwas gewählter aus.«

»Sie sind wegen Mordes verhaftet«, sagte Hugentobler.

»Ich? Das ist eine Unverschämtheit.«

»Er hat nichts mit der Sache zu tun«, sagte Frau Scheurer. »Ich habe Gottlieb Hupf umgebracht.«

»Du warst es? Das ist unglaublich. Dabei hätte ich für dich das Rauchen aufgegeben.«

»Rauchen Sie ruhig weiter, junger Mann. Schließlich gehe ich bald in Rente, da brauche ich junge Leute, die sich für meine Rentenbeiträge die Lunge verpesten.«

»Es wäre alles herausgekommen. Und ich hätte arbeiten müssen.«

»Du hast einen Menschen umgebracht, nur weil du nicht arbeiten möchtest?«

»Sie ist die Tochter eines berühmten Mannes«, sagte ich.

»Ich bin die uneheliche Tochter eines bekannten Politikers. Er hat mit meiner Mutter und später auch mit mir einen Deal gemacht. Eine Rente auf Lebenszeit, wenn wir schweigen.«

»Und weshalb musste dieser arme Mensch sterben?«, fragte Kunz.

»Gottlieb Hupf wurde ermordet«, sagte Hugentobler. »Ob er ein armer Mensch war, lassen wir einmal dahingestellt.«

»Er ist durch einen Einbruch an die Aufzeichnungen eines ehemaligen Bundesweibels gekommen. Er wollte mich und meinen Vater erpressen. Ich musste etwas tun. Es ging nicht anders.«

»Es gibt immer eine Alternative«, sagte Kunz. »Das habe ich an der Uni gelernt.«

»Dann sind Sie ja hervorragend fürs Leben gerüstet. So, Sie kommen mit, und danach verhaften wir auch noch diesen Thomas Mann.«

»Sind Sie verrückt?«, ereiferte sich Kunz. »Thomas Mann ist eine Legende.«

»Na und?«, sagte Hugentobler. »Das war Jesse James auch.«

Es bedurfte langwieriger Überzeugungsarbeit, bis er einsah, dass es einfacher ist, ein Kreuzworträtsel zu lösen, als sich Bildung anzueignen. Später traf ich ihn mit dem *Zauberberg* unter dem Arm. Ob er das Buch je gelesen hat, weiß ich nicht. Ich vergnügte mich eine Weile mit Frau Gerlach, die ich erfolgreich daran hinderte, die Biographie ihres Vaters zu schreiben. So geht das.